Energizer

SPAR
452
LANIER
EnBW
Europe

LEICHTATHLETIK
EM 2002

MÜNCHEN

INTERSPORT

LEICHTATHLETIK
EM 2002

Offizielle Dokumentation des Deutschen Leichtathletik-Verbandes

In Zusammenarbeit mit der größten Sport-Nachrichten-Agentur der Welt

SVEN SIMON

COPRESS SPORT

Inhalt

MÄNNER

Sechs Festtage

Die 18. Leichtathletik-Europameisterschaften im August 2002 im Münchner Olympiastadion werden allen, die dieses großartige Fest des Sports live oder vor dem Fernsehgerät miterleben durften, immer in Erinnerung bleiben. Für alle Athleten, Zuschauer, Berichterstatter und die vielen freiwilligen Helfer waren die sechs Tage im Olympiapark ein eindrucksvolles Erlebnis, an das sie gern zurückdenken. Die Älteren erinnerten sich an die ähnlich fröhliche Stimmung 30 Jahre zuvor bei den Olympischen Spielen 1972. Die EM 2002 in München war unbestritten eines der schönsten und stimmungsvollsten Feste, das die Leichtathletik je gefeiert hat.

In den Wochen vor dem Ereignis hatten Skeptiker bereits das Gegenteil prophezeit: Der Termin kurz nach der Fußball-Weltmeisterschaft und direkt im Anschluss an die Schwimm-EM in Berlin würde Sportmüdigkeit der Bevölkerung hervorrufen. Ein schleppender Saisonverlauf im Vorfeld lasse auf Desinteresse an der Leichtathletik schließen. Verletzungsbedingte Absagen einiger in- und ausländischer Stars würden Zuschauer vom Besuch abhalten.

Genau das Gegenteil dieser Vorhersagen ist dann eingetroffen. Trotz denkbar schlechter Witterungsbedingungen mit Dauerregen an mehreren Wettkampftagen kamen mehr als 300 000 Besucher ins Olympiastadion. In oftmals durchnässter Kleidung feierten sie die Athleten und genossen die Wettkämpfe. Das immer faire und objektive Stadionpublikum hat mehr als eine Goldmedaille verdient. Die Teilnehmer aller Nationen bedankten sich auf vielfältige Weise bei den begeisterten Fans im Stadion. Die Welle der Begeisterung schwappte bei den beiden Marathonläufen auch in die Stadt München über, als viele Tausend Zuschauer an der Laufstrecke für Volksfeststimmung sorgten.

Ebenso eindrucksvoll wie die Zuschauerzahlen und das Zuschauerverhalten waren die Einschaltquoten

der Fernsehübertragungen. Am Saisonbeginn der Fußball-Bundesliga haben sich mehr Menschen die Leichtathletik-Übertragungen aus München angesehen als die Fußball-Berichterstattung. Diese Fakten sagen eindeutig aus, dass die Leichtathletik auch in Zukunft einen hohen Stellenwert im Sportinteresse der Bevölkerung haben wird und als attraktives Angebot gilt, solange sie wie bei der EM in moderner Form präsentiert wird. Der besondere Dank für diese gelungene Veranstaltung gilt den Organisatoren der Olympiapark München GmbH, der Stadt und dem Land. Sie haben nicht nur eine Leichtathletik-Veranstaltung der Extraklasse durchgeführt, sondern auch mit einem vielfältigen und interessanten Rahmenprogramm kulturelle und touristische Akzente gesetzt. Der Europaverband EAA und die teilnehmenden Nationen sind sich einig darüber, dass die EM München 2002 richtungweisend für zukünftige Großveranstaltungen dieser Art sein wird. Das sportliche Abschneiden der deutschen Mannschaft mit insgesamt 18 Medaillen und Platz zwei der Nationenwertung entspricht ungefähr den Erwartungen. Kritiker, die »nur« zwei Goldmedaillen bemängeln, übersehen die vielen positiven Ergebnisse, die einige noch sehr junge Athleten erreicht haben. Die Wettkämpfe haben bestätigt, dass es bei diesem »Heimspiel« richtig war, eine große Mannschaft mit vielen jungen Talenten an den Start zu schicken.
Der Bildband »Leichtathletik-Europameisterschaft München 2002« ruft die schönen Tage in der bayerischen Landeshauptstadt in die Erinnerung zurück. Bei den Autoren und Fotografen bedanke ich mich für die geleistete Arbeit und wünsche allen Lesern, dass sie bei der Lektüre ein wenig von der unvergesslichen Stimmung dieser Meisterschaftstage nacherleben werden.
Wir alle hoffen, dass schon bald ein ähnliches Leichtathletik-Großereignis in Deutschland stattfinden kann. München hat gezeigt, dass die deutsche Leichtathletik voll Leben ist und großartige Feste zu feiern versteht. Mein Dank gilt allen, die daran beteiligt waren – sei es als Teilnehmer, Helfer oder Zuschauer.

Dr. Clemens Prokop,
Präsident des Deutschen Leichtathletik-Verbandes

Himmelhoch jauchzend: Grit Breuer sichert am Schlusstag das zweite deutsche Gold in der 4x400-Meter-Staffel und sagt danach: »Bei diesem tollen Publikum mussten wir einfach gewinnen.«

Frauen: Kurzstrecken Staffeln

Schwarzes Gold: Frankreichs Sprintstaffel auf dem Weg zum Sieg. Sylviana Felix übergibt an Schlussläuferin Odiah Sidibe.

adidas
SPAR
FRA
MUNICH 2002

Silber-Charme:
Die deutschen Sprinterinnen Gabi Rockmeier, Melanie Paschke, Sina Schielke und Marion Wagner (von links).

4X100 M WOMEN FINAL
1 FRANCE
2 GERMANY
3 RUSSIA
4 BELGIUM
Leichtathletik EM
FUJIFILM
SPAR
GER
MUNICH 2002
adidas
SEIKO

Ekaterini Thanou (Griechenland)
Geboren am 1. Februar 1975 in Athen.
Maße: 1,65 m, 61 kg.
Größte Erfolge: Silber bei den Olympischen Spielen 2000 über 100 m, Gold bei den Hallen-Europameisterschaften 1996 (als erste Griechin) und 2000 über 60 m, Bronze bei den Europameisterschaften 1998 über 100 m, Gold bei den Hallen-Weltmeisterschaften 1999 über 60 m, Bronze bei den Weltmeisterschaften 1999 und 2001 über 100 m.

Frauen: 100 Meter

Ekaterini Thanou, die Poker-Königin

Unter den schnellen Frauen erwies sich die Luftwaffen-Offizierin Ekaterini Thanou standesgemäß als die Überfliegerin schlechthin. Nach dem Verzicht von Weltmeisterin Schanna Pintusewitsch aus der Ukraine reiste sie schon als Favoritin an. Dabei hatte die 27-Jährige, wie in allen Jahren zuvor, sich kaum einmal der Konkurrenz gestellt. Doch die wusste spätestens nach Vorlauf (11,07 Sekunden) Halbfinale (11,05), dass die Poker-Königin wieder einmal ein Ass in der Hinterhand hatte.
So ließ die 1,65 Meter große Athenerin je einem WM- und EM-Gold in der Halle ihren ersten großen Freiluft-Titel folgen und sich als erste griechische Goldmedaillengewinnerin von München gebührend feiern. Bei der EM 1998 und den Weltmeisterschaften 1999 und 2001 hatte sie jeweils Bronze geholt, bei Olympia 2000 in Sydney hinter Marion Jones Silber. Im Finale war die Luft schnell heraus, spannender ging es um Platz zwei zwischen der Belgierin Kim Gevaert (11,22) und der Italienerin Manuela Levorato (11,23) zu.

Frauen – 100 Meter

WR: Florence Griffith-Joyner (USA) 10,49 Sekunden (1988)

ER: Christine Arron (Frankreich) 10,73 Sekunden (1998)

DR: Marlies Göhr (Jena) 10,81 Sekunden (1983)

Finale am 7. August 2002

Gold:	Ekaterini Thanou (Griechenland) 11,10 Sekunden
Silber:	Kim Gevaert (Belgien) 11,22
Bronze:	Manuela Levorato (Italien) 11,23

Nach EM-Bronze 1994 landete Melanie Paschke in 11,37 Sekunden auf Rang fünf. Eine tadellose Leistung der 32-jährigen Mutter aus Wattenscheid, die trotzdem nicht ganz zufrieden war: »Ich hatte mir schon etwas mehr ausgerechnet.« Während sie als Dritte ihres Semifinals (11,35) in den Endlauf einzog, war die um elf Jahre jüngere Sina Schielke als Sechste des anderen Halbfinals (11,48) chancenlos und meinte selbstkritisch: »Über meine Zeit braucht man nicht zu diskutieren. Damit hatte ich es nicht verdient, ins Finale zu kommen.« Das blonde Lauf-Model war durch einen Muskelfaserriss im rechten Oberschenkel in der EM-Vorbereitung gehandicapt gewesen. »Es ist bloß schade zu sehen, wo ich hätte stehen können«, sagte die deutsche Meisterin, die sich Anfang Juni im heimischen Dortmund auf 11,16 Sekunden gesteigert hatte.

Vorläuferin: Weder Bronzemedaillen-Gewinnerin Manuela Levorato (ganz links und ganz rechts) noch die zweitplatzierte Kim Gevaert (rechtes Foto, links) oder die fünftplatzierte Melanie Paschke (unten) konnten Ekaterini Thanou in Gefahr bringen.

Frauen: 200 Meter

Muriel Hurtis: Teile und herrsche

Frauen – 200 Meter

WR: Florence Griffith-Joyner (USA)
21,34 Sekunden (1988)

ER: Marita Koch (Rostock)
21,71 Sekunden (1979)

Heike Drechsler (Jena)
21,71 Sekunden (1986)

DR: Marita Koch (Rostock)
21,71 Sekunden (1979)

Heike Drechsler (Jena)
21,71 Sekunden (1986)

Finale am 9. August 2002

Gold:	Muriel Hurtis (Frankreich) 22,43 Sekunden
Silber:	Kim Gevaert (Belgien) 22,53
Bronze:	Manuela Levorato (Italien) 22,75

Dominanz: Ihr erstes Gold läuft Muriel Hurtis sicher nach Hause. Manuela Levorato erkämpft sich wie über 100 Meter Bronze.

Sie hatte über die 100 Meter der Griechin Ekaterini Thanou freiwillig das Feld überlassen, obwohl ihr auch dort mancher den Sieg zugetraut hatte. Muriel Hurties konzentrierte sich ganz auf die 200 Meter, wo sie sich mühelos das für sie reservierte Gold abholte.

Die 23-Jährige mit den langen Beinen gilt als größtes Talent Frankreichs im langen Sprint seit Olympiasiegerin Marie-Jose Perec. Dem Sieg bei der Hallen-EM ließ sie programmgemäß den Freiluft-Titel in europäischer Jahresbestzeit folgen und wurde als erste Französin Europameisterin über die 200 Meter.

Während sich Thanou und Hurties die Titel nach dem Motto des »Teile und Herrsche« aufteilten, holten sich Kim Gevaert und Manuela Levorato wie auf der kurzen Distanz Silber und Bronze. Nur war es diesmal eine klare Angelegenheit für die Belgierin.

Gabi Rockmeier wollte nicht hinter 100-Meter-Finalistin Melanie Paschke zurückzustehen: »Der Lauf war richtig schön. Schade, dass es vorbei ist«, meinte die Dortmunderin, nachdem sie mit Platz fünf »gleichgezogen« hatte.

Muriel Hurtis (Frankreich)

Geboren am 25. März 1979 in Bondy.
Maße: 1,80 m, 68 kg.
Größte Erfolge: Gold bei den Hallen-Europameisterschaften 2001 und 2002, Gold bei den Junioren-Weltmeisterschaften 1989.

Olesja Sikina (Russland)

Geboren am 7. Oktober 1980 in Kaluga.
Maße: 1,69 m, 59 kg.
Größte Erfolge: Olympia-Bronze in der 4x400-m-Staffel 2000, Bronze bei den Weltmeisterschaften 2001 in der 4x400-m-Staffel und Sechste über 400 m, Bronze bei den Hallen-Weltmeisterschaften 2001 über 4x400 m und Bronze in der 4x400-m-Staffel

Frauen – 400 Meter

WR: Marita Koch (Rostock) 47,60 Sekunden (1985)

ER: Marita Koch (Rostock) 47,60 Sekunden (1985)

DR: Marita Koch (Rostock) 47,60 Sekunden (1985)

Finale am 8. August 2002

Gold: Olesja Sikina (Russland) 50,45 Sekunden

Silber: Grit Breuer (Magdeburg) 50,70

Bronze: Lee McConnell (Großbritannien) 51,02

Frauen: 400 Meter

Grit Breuer: Silber für die Stehauffrau

Als sie ins Ziel stürmte, hob sie die Arme in den dunklen Nachthimmel und feierte Platz zwei wie einen Sieg. Mit der schwarz-rot-goldenen Flagge um die Schultern ging Grit Breuer nach dem Einzel-Finale auf die Ehrenrunde und genoss zusammen mit der souveränen Europameisterin Olesja Sikina aus Russland die Ovationen der 48 500 im ausverkauften Olympiastadion. »Das war Emotion pur, so eine Stimmung habe ich noch nie erlebt. Diesen Moment werde ich mein Leben lang nicht vergessen«, sagte sie. Dabei sollte der Staffel-Thriller erst noch kommen.

Silber gewonnen, nicht Gold verloren – die Freude der 30-jährigen Magdeburgerin war leicht zu verstehen. »Ich bin so glücklich, ich freue mich wahnsinnig. Vor sechs Wochen dachte ich noch, ich fahre gar nicht nach München, und dann so etwas: einfach geil«, sagte sie und dankte dem Publikum: »Ihr wart super, ich habe noch Gänsehaut. Jeder, der hier sitzt, hat ein Stück der Medaille verdient.«

In 50,70 Sekunden war sie deutsche Jahresbestzeit gelaufen, obwohl sie wegen einer Achillessehnenentzündung neun Wochen lang hatte pausieren müssen, sich danach nur gerade einen Monat auf die EM vorbereiten konnte und sich erst zehn Tage vor München für die EM qualifiziert hatte.

Nur Olesja Sikina war an diesem Tag für die deutsche »Stehauffrau« noch eine Nummer zu groß. In 50,45 Sekunden verbesserte die erst 21-Jährige ihre eigene europäische Jahresbestzeit um eine Hundertstelsekunde und lief zu ihrem ersten großen internationalen Titel.

Grit Breuer, die 1990 und 1998 jeweils EM-Gold in Einzel und Staffel geholt hatte, verlor zwar ihren Titel, feierte aber ein famoses Comeback. Und das »nach so einer Saison, die wie verhext war«. Als sie im April nicht mehr laufen konnte, quälte sie sich vor allem im Schwimmbecken ab: »Jeden Tag drei Kilometer, volle Kanne. Ich dachte manchmal, jetzt gluckerst du ab. Ich konnte schon die Kacheln zählen, bald hätte ich Franziska van Almsick Konkurrenz gemacht.«

»Silber ist für mich Gold«: Grit Breuer und die siegreiche Russin Olesja Sikina bei der herzlichen Gratulation nach dem Zieleinlauf und auf der gemeinsamen Ehrenrunde (links).

Lauf' Mädchen: Beflügelt durch Sina Schielkes Anfeuerungsschrei begibt sich Marion Wagner auf die letzten 100 Meter zum Gewinn der Silbermedaille.

Frauen: 4 x 100 Meter

DLV-Quartett: Wieder Silber

Dort, wo Heide Rosendahl 30 Jahre zuvor mit einem unwiderstehlichen Finish Doppel-Olympiasiegerin Renate Stecher abgewiesen hatte, schien deutsches Gold in der Sprintstaffel der Frauen bis wenige Meter vor dem Ziel wieder möglich.

Doch Frankreichs Team-Seniorin Odiah Sidibe (32) hielt den Angriffen von Marion Wagner stand. »Schade, eigentlich liegt hinten heraus meine Stärke«, sagte die Mainzerin. Auch ein Jahr zuvor bei der WM in Edmonton hatte sie im Finish den Kürzeren gezogen, doch die Gegnerin war damals mit 100-Meter-Olympiasiegerin Marion Jones von noch besserem Kaliber.

Über den zweiten Platz freuten sich trotzdem mit ihr wie bei der WM 2001 Startläuferin Melanie Paschke (Wattenscheid) und Gabi Rockmeier (Dortmund). Neu im Quartett war Sina Schielke (Dortmund) an Position drei.

Die Französinnen, angeführt von Muriel Hurtis, holten ihr zweites EM-Gold in Serie. Die 200-Meter-Siegerin übernahm den Stab von Delphine Hurtis und reichte ihn weiter an die 200-Meter-Vierte Sylviana Felix, und 100-Meter-Finalistin Sidibe ließ sich den Titel nicht mehr nehmen.

Frauen – 4 x 100 Meter

WR: DDR (Gladisch, Rieger, Auerswald, Göhr) 41,37 Sekunden (1985)

ER: DDR (Gladisch, Rieger, Auerswald, Göhr) 41,37 Sekunden (1985)

DR: DVfL-Auswahl (Gladisch, Rieger, Auerswald, Göhr) 41,37 Sekunden (1985)

Finale am 11. August 2002

Gold:	Frankreich (Combe, Hurtis, Felix, Sidibe) 42,46 Sekunden
Silber:	Deutschland (Paschke/Wattenscheid, Gabi Rockmeier/Dortmund, Schielke/Dortmund, Marion Wagner/Mainz) 42,54
Bronze:	Russland (Ignatowa, Tabakowa, Chabarowa, Kruglowa) 43,11

Frauen: 4 x 400 Meter

DLV-Quartett: Turbo gezündet

Überragend: Claudia Marx schickt Grit Breuer auf den Weg zum Heimsieg (rechte Seite oben). Birgit Rockmeier, Florence Ekpo-Umoh, Claudia Marx und Grit Breuer präsentieren ihre Goldmedaillen mit Stolz den Fotografen (rechte Seite unten).

Es goss in Strömen, aber sie spürten den Regen und die Kälte nicht. Völlig losgelöst und eingehüllt in schwarz-rot-goldene, wärmende Flaggen gingen Grit Breuer, Birgit Rockmeier, Claudia Marx und Florence Ekpo-Umoh nach dem Triumph in der 4x400-Meter-Staffel auf die Ehrenrunde und ließen sich von den 48 500 Zuschauern im Olympiastadion bejubeln.

»Ich bin so happy, ich kann's gar nicht sagen«, jubelte Grit Breuer. In unvergleichlicher Art hatte sie auf der Zielgeraden ihren Turbo gezündet und war innen an der russischen Einzel-Europameisterin Olesja Sikina förmlich vorbeigeschossen. Strahlend verneigte sich die Anführerin vor den drei Kolleginnen: »Die Mädels haben vorne so super gearbeitet.« Schon Einzel-Silber war für Breuer in München »Gold wert« gewesen: »Weil ich doch vor fünf Wochen noch gar nicht richtig laufen konnte. Da war doch noch jede Oma schneller als ich.«

Mit Staffel-Gold krönte die 30-jährige Magdeburgerin ihr fabelhaftes Comeback und schrieb an diesem letzten Tag Geschichte. Es war ihr fünfter EM-Titel. 1990 und 1998 hatte sie jeweils Gold in Einzel und Staffel geholt. Damit kam sie nahe an DDR-Olympiasiegerin Marita Koch heran, die mit sechs EM-Titeln zwischen 1978 und 1986 die ewigen Bestenliste anführt und in 47,60 Sekunden auch immer noch den Weltrekord über die 400 Meter hält.

In der Staffel gab die »Kämpferin« (Breuer über Breuer) noch einmal richtig Gas: »Als ich den Stab als Erste übernommen habe, musste ich natürlich gewinnen, auch wenn es gegen Sikina ging.« Die 21-jährige Russin zog auf der Gegengeraden an ihr vorbei, doch die Deutsche konterte auf der Zielgeraden, so wie sie es schon beim sensationellen WM-Triumph 1997 in Athen demonstriert hatte. Am Ende blieben die Uhren bei der europäischen Jahresbestzeit von 3:25,10 Minuten stehen. »Sikina hat einen großen Fehler gemacht, sie hat zu früh attackiert«, beschrieb Grit Breuer, was ihr schon während des Rennens durch den Kopf gegangen war: »Ich habe stets an mich geglaubt, und es hat funktioniert.«

Schöner hätte der Abschluss der Leichtathletik-EM in München aus deutscher Sicht kaum sein können, als mit der zweiten Goldmedaille nach einer solch dramatischen Staffel.

Luftsprung nach getaner »Arbeit«: Nach ihrem fünften EM-Titel hätte Grit Breuer am liebsten jeden einzelnen der 48 500 Zuschauer im ausverkauften Olympiastadion umarmt.

Frauen – 4 x 400 Meter

WR: UdSSR (Ledowskaja, Nasarowa, Pinigina, Brysgina) 3:15,17 Minuten (1988)

ER: UdSSR (Ledowskaja, Nasarowa, Pinigina, Brysgina) 3:15,17 Minuten (1988)

DR: DVfL-Auswahl (Walther, Busch, Rübsam Koch) 3:15,92 Minuten (1984)

Finale am 11. August 2002

Gold:	Deutschland (Ekpo-Umoh/Mainz, Birgit Rockmeier/Dortmund, Marx/Berlin, Breuer/Magdeburg) 3:25,10 Minuten
Silber:	Russland (Antjuch, Nasarowa, Kapatschinskaja, Sikina) 3:25,59
Bronze:	Polen (Radecka, Prokopek, Pskit, Olichwierczu) 3:26,15

Oktoberfeststimmung im August: 150 000 begeisterte Zuschauer feiern die Marathon-Frauen. »Unglaublich« auch für Bronze-Gewinnerin Sonja Oberem, hier noch vor der späteren Siegerin Maria Guida aus Italien und der Rumänin Nuta Olaru, die nach 30 der 42,195 km aufgibt.

Frauen: Mittelstrecken Langstrecken

Nationalheldin: Die krasse Außenseiterin Süreyya Ayhan verteidigt ihren hauchdünnen Vorsprung gegen die hohe Favoritin Gabriela Szabo im 1500-Meter-Endlauf bis zum Zielstrich und gewinnt die erste EM-Goldmedaille für die Türkei.

Süreyya Ayhan (Türkei)

Geboren am 6. September 1978 in Cankiri.
Maße: 1,63 m, 52 kg.
Größte Erfolge: Keine größeren Erfolge vor München 2002.

Frauen – 800 Meter

WR: Jarmila Kratochvilova (CSSR) 1:53:28 Minuten (1983)

ER: Jarmila Kratochvilova (CSSR) 1:53:28 Minuten (1983)

DR: Sigrun Wodars (Neubrandenburg) 1:55,26 Minuten (1987)

Finale am 8. August 2002

Gold:	Jolanda Ceplak (Slowenien) 1:57,65 Minuten
Silber:	Mayte Martinez (Spanien) 1:58,86
Bronze:	Kelly Holmes (Großbritannien) 1:59,83

Jolanda Ceplak (Slowenien)

Geboren am 12. September 1976 in Steblovnik.
Maße: 1,68 m, 55kg.
Größte Erfolge:
Gold bei den Hallen-Weltmeisterschaften 2002 über 800 m in der Weltrekordzeit von 1:55,82 Minuten.

Frauen: 800 Meter

Jolanda Ceplak: Eine Klasse für sich

Sie lief ihr einsames Rennen vom Start bis ins Ziel. Der Sieg der Slowenin Jolanda Ceplak war nie gefährdet. Die 25-Jährige gestaltete das Finale als Alleingang zum Gold. Ihr guter Grund: »Auf den letzten 200 Metern kann jede gewinnen, wenn das Rennen langsam ist.« Nach der Absage der verletzten Österreicherin Stephanie Graf, der sie bei der Hallen-EM in Wien den sicher geglaubten Titel genommen hatte, galt Ceplak ohnehin als hohe Favoritin.
Auf dem Siegerpodest war die Stimmung frostig. Die Britin Kelly Holmes, die Bronze holte, verweigerte den Glückwunsch an die Siegerin und meinte anschließend in Interviews vieldeutig: »Ich weiß, dass ich sauber bin.« Dabei haben beide den gleichen Agenten. Jolanda Ceplak verstand die Welt nicht mehr: »Ich habe für diesen Erfolg so hart trainiert, dass mir oft die Tränen kamen. Ich weiß nicht, wie Kelly so etwas sagen kann.«
Die deutsche Meisterin Claudia Gesell lief an der erhofften Medaille vorbei: »Ich habe mich am Anfang zurückgehalten, weil ich durch Vorlauf und Halbfinale total schwere Beine hatte«, erklärte die frühere Junioren-Weltmeisterin. »Platz 5 war das Optimum, was ich herausholen konnte«, sagte die 24 Jahre alte Studentin der Sportwissenschaft. Auch die Magdeburgerin Ivonne Teichmann war mit Rang sieben zufrieden: »Die anderen waren einfach besser als wir.«

Achtungserfolg: Weit hinter der überlegenen Siegerin Jolanda Ceplak (links) kamen Ivonne Teichmann als Siebte und Claudia Gesell (unten) als Fünfte ins Ziel, konnten aber zufrieden sein.

Frauen: 1500 m

Süreyya Ayhan: Das Kind des Windes

Die größte sportliche Sensation dieser Titelkämpfe von München blieb dem Schlusstag vorbehalten. Süreyya Ayhan, eine 23-Jährige Türkin, schlug über 1500 Meter die haushohe Favoritin Gabriela Szabo, die Titelverteidigerin aus Rumänien, dazu noch Olympiasiegerin über 5000 und Weltmeisterin über 1500 Meter.

Vom Start weg hatte die Außenseiterin aus dem Hochland von Anatolien die Spitze übernommen und verteidigte sie zum Erstaunen aller bis zuletzt, obwohl Szabo seit Beginn der Zielgeraden ständig an ihr vorbeizurücken schien. »Man könnte mir alles Geld der Welt bieten, ich würde diese Goldmedaille nicht mehr hergeben«, sagte die erste türkische Europameisterin der Leichtathletik-Geschichte.

Süreyya Ayhan erschien wie ein Komet über dem Olympiastadion, sie verbesserte ihre persönliche Bestzeit um vier Sekunden und steigerte sich innerhalb eines Jahres um acht Sekunden. Da war sie in Edmonton gerade einmal WM-Achte geworden, weit hinter der siegreichen Rumänin, die sie kaum bemerkt haben dürfte.

Die türkische Presse überschlug sich an den folgenden Tagen förmlich mit Lobgesängen über das »Kind des Windes«, das der »Lauflegende« Gabriela Szabo förmlich davongeflogen war.

Frauen – 1500 Meter

WR: Yunxia Qu (China)
3:50,46 Minuten (1993)

ER: Tatjana Kasankina (UdSSR)
3:52,47 Minuten (1980)

DR: Christine Wartenberg (Halle)
3:57,71 Minuten (1980)

Finale am 11. August 2002

Gold:	Süreyya Ayhan (Türkei) 3:58,79 Minuten
Silber:	Gabriela Szabo (Rumänien) 3:58,81
Bronze:	Tatjana Tomaschowa (Russland) 4:01,28

Frauen: 5000 Meter

Sonia O'Sullivan: Mama macht weiter

Fast jeder hatte auf Sonia O'Sullivan gewettet, die populäre Irin und zweifache Mutter. Doch dann zog die Spanierin Marta Dominguez, schon Vizeweltmeisterin auf dieser Strecke, in einem packenden Finish auf den letzten Metern an ihr noch vorbei: »Vielleicht habe ich den Spurt zu früh angezogen«, bekannte O'Sullivan.
Sie musste sich zum zweiten Mal mit Platz zwei begnügen, wie schon über 10 000 Meter hinter der Britin Paula Radcliffe. 1998 hatte sie noch über beide Strecken gesiegt.
Die 32-jährige Irin war nicht traurig: »Zweimal Silber ist doch auch schön. Vor allem komme ich so nicht in den Konflikt, eine meiner Töchter bevorzugen zu müssen. Jetzt bekommt jede die gleiche Medaille.« Der Vater ihrer Töchter ist Nick Bideau, früher Lebensgefährte von Australiens Nationalheldin Cathy Freeman.

An den Abschied von der Laufbahn denkt Mama Sonia noch lange nicht: »Ich kann es nicht lassen. Außerdem ist zuhause alles eine Frage der Organisation. Ich trainiere 90 Minuten am frühen Morgen und eine Stunde am Nachmittag, da bleibt noch genug Zeit für die Familie.«
Marta Dominguez hatte eingangs der letzten Runde an ihrem Erfolg gezweifelt: »Da hatte ich Probleme, aber dann kam ich wieder heran und habe wirklich mein Letztes gegeben.« Den russischen Zweikampf um Bronze entschied Jelena Sadoroschnaja ebenso knapp gegen die Weltmeisterin Olga Jegorowa für sich.

Frauen – 5000 Meter

WR: Jiang Bo (China) 14:28,09 Minuten (1997)

ER: Olga Jegorowa (Russland) 14:29,32 Minuten (2001)

DR: Irina Mikitenko (Frankfurt/M.) 14:42,03 Minuten (1999)

Finale am 10. August 2002

Gold:	Marta Dominguez (Spanien) 15:14,76 Minuten
Silber:	Sonia O'Sullivan (Irland) 15:14,85
Bronze:	Jelena Sadoroschnaja (Russland) 15:15,22

Künstlerpech: Kathleen Friedrich erwischte einen schweren Vorlauf und verpasste das Finale nur um sieben Hunderstelsekunden (linke Seite).

Sprintankunft nach 5 Kilometern: Sonja O'Sullivan (rechts) muss Marta Dominguez (links) noch vorbeiziehen lassen und sich wie über die 10000 Meter mit Silber begnügen.

Marta Dominguez (Spanien)
Geboren am 3. November 1975 in Valencia.
Maße: 1,63 m, 52 kg.
Größte Erfolge: Silber bei den Weltmeisterschaften 2001 über 5000 m, Gold bei den Hallen-Europameisterschaften 2002 über 3000 m, Bronze bei den Europameisterschaften 1998 über 5000 m.

Frauen: 10 000 Meter

Paula Radcliffe: Lokomotive aus Manchester

Im gleißenden Flutlicht des Olympiastadions glänzte ihre regennasse Stirn, das von den Beinen hochgewirbelte Spritzwasser flog ihr wie Konfetti um die Ohren. Ihr typisches Kopfnicken spiegelte die Anstrengung wider, so wie es einst bei der tschechischen Lauf-Legende Emil Zatopek der Fall war. Paula Radcliffe, die Lokomotive aus Northwich bei Manchester, bescherte München in der ersten EM-Nacht eine Sternstunde.

Mit 30:01,09 Minuten über 10 000 Meter pulverisierte die Britin den 16 Jahre alten Europarekord der unvergessenen Norwegerin Ingrid Kristiansen. Es war ein Rennen, wie man es bei Meisterschaften äußerst selten erlebt.

»Auf den letzten drei Runden war es verdammt hart«, erzählte die 28-Jährige hinterher. »Als ich sah, dass das Rennen noch 12 Minuten dauern würde, sagte ich mir immer nur: Im Vergleich zum Marathon ist das gar nicht lang.« Beim besten Debüt aller Zeiten über die 42,195 Kilometer war sie im April in London in 2:18:56 Stunden bis auf neun Sekunden an die Weltbestzeit der Kenianerin Catherine Ndereba herangelaufen.

Von Beginn an schlug sie ein brutales Tempo mit Kilometer-Zeiten unter dem »goldenen 3-Minuten-Schnitt« an. Wie eine Lokomotive – immer unter Dampf, immer treibend. Die Arme wie Antriebsstan-

Paula Radcliffe (Großbritannien)
Geboren am 17. Dezember 1973 in Northwich.
Maße: 1,73 cm, 54 kg.
Größte Erfolge: Zweimalige Cross-Weltmeisterin, Silber bei den Weltmeisterschaften 1999 über die 10 000 m, Olympia-Vierte 2000 über die 10 000 m, Halbmarathon-Weltmeisterin 2000/2001.

Siegerlächeln nach der Regenschlacht: Paula Radcliffe sorgt am Eröffnungstag für das erste Highlight in München 2002.

gen. Die Anstrengung ins Gesicht geschrieben. So ist es ihr Stil schon seit dem Karriere-Start mit dem Gewinn des Junioren-WM-Titels im Crosslauf 1992. Als Glücksbringer trägt sie stets einen Anhänger mit den olympischen Ringen bei sich.

Paula Radcliffe schüttelte bei ihrem grandiosen Sololauf in der vom Regen mit Sauerstoff getränkten Luft bereits nach 3000 Meter keine Geringeren als Titelverteidigerin Sonia O'Sullivan und Olympiasiegerin Fernanda Ribeiro ab. Nur die Chinesin Wang Junxia war 1993 – unter starkem Dopingverdacht – bei ihrem Fabelweltrekord (29:31,78) schneller.

Endlich ist die vier Sprachen beherrschende Dolmetscherin auch ein Star der Bahn. Obwohl jeweils zweimal Weltmeisterin im Crosslauf und Halbmarathon, haftete ihr im Stadion bislang der Ruf der ewigen Verliererin an. Die erst 21 Jahre alte deutsche Meisterin Sandra Mockenhaupt steigerte sich als Zehnte in 32:08,52 Minuten um fast 20 Sekunden und bestand ihre internationale Feuertaufe mit Bravour.

Frauen – 10 000 Meter

WR: Junxia Wang (China) 29:31,78 Minuten (1993)

ER: Ingrid Kristiansen (Norwegen) 30:13,74 Minuten (1986)

DR: Kathrin Ullrich (Berlin) 31:03,62 Minuten (1991)

Finale am 6. August 2002

Gold:	Paula Radcliffe (Großbritannien) 30:01,09 Minuten (Europarekord)
Silber:	Sonia O'Sullivan (Irland) 30:47,59
Bronze:	Ljudmila Biktaschewa (Russland) 31:04,00

Hut ab: Bronze für Sonja Oberem (links) und Silber für Luminita Zaituc waren die ersten deutschen EM-Marathon-Medaillen überhaupt, Maria Guida aus Neapel (großes Bild) war nicht zu schlagen.

Frauen: Marathon

Maria Guida: Auch »Wasi« staunte

Nach 42,195 Kilometern fing das Vergnügen erst an. Abwechselnd die deutsche Flagge schwenkend, begaben sich die Marathonläuferinnen Luminita Zaituc und Sonja Oberem auf die Ehrenrunde, tanzten zum Gassenhauer »Hey Baby« über die Tartanbahn und warfen die Begeisterungswellen im mit 48 500 Zuschauern erneut ausverkauften Olympiastadion an. Silber und Bronze hinter der Italienerin Maria Guida waren die ersten deutschen EM-Medaillen im Frauen-Marathon überhaupt.

»Unglaublich, so etwas habe ich noch nie erlebt«, sagte Sonja Oberem nach dem größten deutschen Marathon-Erfolg in der EM-Geschichte. »Die Tempowechsel waren brutal. Es war mein bisher härtestes Rennen.« Rund 150 000 Zuschauer hatten den Rundkurs durch die Innenstadt gesäumt.

In dem für Frauen erst seit 1982 ausg[illegible]genen EM-Wettbewerb war der zehnte [illegible] von Claudia Dreher 1998 in Budapest bis[illegible] beste Platzierung gewesen. Bei den Männern gab es in 18 EM-Rennen nur zwei deutsche Medaillen durch Eckhard Lesse (1974 Silber) und Herbert Steffny (1986 Bronze).

»Ich wollte zeigen, dass ich stark im Kopf bin, ich bin glücklich über meinen zweiten Platz«, sagte Luminita Zaituc nach ihrem erst vierten Marathon. 2001 hatte die seit zehn Jahren in Deutschland beheimatete Läuferin in Frankfurt ihren ersten Sieg über die Marathon-Distanz gefeiert. 1993 war sie bei der WM in Stuttgart noch für ihr Geburtsland Rumänien über 3000 Meter angetreten.

Die WM-Fünfte Sonja Oberem, die Zaituc im April bei ihrem zweiten Marathonsieg in Hamburg noch auf Rang zwei verwiesen hatte, war völlig aus dem Häuschen: »Es ist mein Traum gewesen, hier eine Medaille zu holen. Jetzt ist er wahr geworden.« Als Dreingabe gewann das um die Rostockerin Ulrike Maisch und Melanie Kraus aus Leverkusen ergänzte deutsche Frauen-Quartett die Europacup-Wertung vor Russland.

Die italienische 10 000-Meter-Rekordlerin Maria Guida beendete bei guten Witterungsbedingungen (19 Grad am Start) mit der deutlich besten Siegerzeit aller EM-Frauenmarathons in 2:26:05 Stunden eine Serie von fünf portugiesischen Siegen durch die legendäre Rosa Mota (1982 bis 1990) und Manuela Machado (1994 und 1998).

Die Entscheidung bahnte sich nach 30 Kilometern an, als Guida sich mit einem Zwischenspurt von den beiden Deutschen absetzte. Für die bereits 36-Jährige, im April beim London-Marathon noch Tempomacherin für 10 000-Meter-Europameisterin Paula Radcliffe, war es der erste internationale Erfolg.

Zu den begeisterten Zuschauern am Straßenrand zählte auch Ski-Legende Markus Wasmeier. »Wahnsinn. Irre, was die für ein Tempo vorlegen«, staunte der Doppel-Olympiasieger von 1994.

Maria Guida (Italien)

Geboren am 23. Januar 1966 in Vico Equense/Neapel.
Maße: 1,60 m, 49 kg.
Größte Erfolge: Gold beim Europacup 1995 über 10 000 m, Vierte bei den Weltmeisterschaften 1995 über die 10 000 m, Italienische Rekordlerin und sechsmalige Meisterin über 10 000 m.

Frauen – Marathon

WB: Catherine Ndereba (Kenia) 2:18:47 Stunden (2001)

EB: Ingrid Kristiansen (Norwegen) 2:21:06 Stunden (1985)

DB: Uta Pippig (Berlin) 2:21:45 Stunden (1994)

Finale am 10. August 2002

Gold:	Maria Guida (Italien) 2:26:05 Stunden
Silber:	Luminita Zaituc (Braunschweig) 2:26:58
Bronze:	Sonja Oberem (Leverkusen) 2:28:45

asics
Findomestic
FIDAL

Frauen: 20 Kilometer Gehen

Olimpiada Iwanowa: Premieren-Siegerin

Im Ziel war Melanie Seeger ganz betrübt. Die WM-Siebte aus Potsdam, die unermüdlich Werbung für ihren Sport macht und per Internet um mehr Akzeptanz der »Popo-Wackler« wirbt, wirkte von Anfang an verkrampft: »Ich bin vom Kopf her total festgegangen«, meinte die 25-Jährige nach ihrem enttäuschenden 14. Platz.

Fast sieben Minuten früher hatte sich die Russin Olimpiada Iwanowa als Premieren-Siegerin im 20-Kilometer-Gehen feiern lassen, das erstmals auf dem EM-Programm

stand. Die Weltmeisterin und Weltrekordlerin dominierte in europäischer Jahresbestzeit von 1:26:42 Stunden vor ihrer Teamkameradin Jelena Nikolajewa und der Italienerin Erica Alfridi.
Die 31-Jährige Iwanowa hat eine schillernde Vergangenheit hinter sich. Nach ihrem zweiten Platz bei der WM 1997 fiel sie durch den Dopingtest, wurde für zwei Jahre gesperrt, verlegte sich vorübergehend auf Kampfsport und erwarb dort den »schwarzen Gürtel«, ehe sie wieder die Geher-Konkurrenz aus den Angeln hob.
Melanie Seeger verpasste deutlich ihr Ziel, den eigenen deutschen Rekord von 1:30:41 Stunden zu verbessern.

Frauen – 20 Kilometer Gehen

WB: Olimpiada Iwanowa (Russland) 1:24:50 Stunden (2001)*

EB: Olimpiada Iwanowa (Russland) 1:24:50 Stunden (2001)*

DB: Melanie Seeger (Potsdam) 1:30:41 Stunden (2001)*

Finale am 7. August 2002

Gold:	Olimpiada Iwanowa (Russland) 1:26:42 Stunden
Silber:	Jelena Nikolajewa (Russland) 1:28:20
Bronze:	Erica Alfridi (Italien) 1:28:30

* Rekorde gibt es nur auf offiziell vermessenen Strecken, der Rest sind Bestzeiten.

Olimpiada Iwanowa (Russland)

Geboren am 5. Mai 1970 in Munsyuty Chuvashiya.
Maße: 1,68 m, 54 kg.
Größte Erfolge: Weltrekordhalterin über die 20 km auf der Bahn und auf der Straße (Weltbestzeit) seit 2001, Weltmeisterin über 20 km 2001.

Start-Ziel-Sieg: Schon kurz nach dem Beginn im Olympiastadion hat Olimpiada Iwanowa die Führung übernommen.

Konzentration über der Hürde, Staunen im Ziel, Strahlen über Silber: Heike Meissners Stationen im 400-Meter-Hürden-Finale.

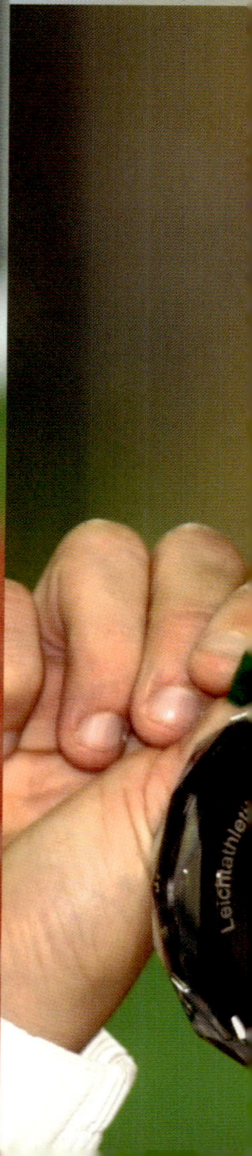

Frauen: Hürdenläufe

Glory Oluchi Alozie (Spanien)
Geboren am 30. Dezember 1977 in Amator/Nigeria.
Maße: 1,55 m, 51 kg.
Größte Erfolge: Olympia-Silber 2000 (für Nigeria), Gold bei den Afrika-Spielen 1999, Silber bei den Weltmeisterschaften 1999 und (über 60 m Hürden) bei den Hallen-Weltmeisterschaften 1999.

Frauen: 100 Meter Hürden

Glory Alozie: Stolze Spanierin

Bei Olympia 2000 hatte Glory Alozie für ihr Heimatland Nigeria Silber über 100 Meter Hürden gewonnen. Wenige Tage zuvor war die Vizeweltmeisterin Witwe geworden. Ihr Mann Hygunis Anugo, als Ersatzsprinter nominiert, war bei einem Autounfall in Sydney ums Leben gekommen. Schon seit 1997 hatte die zweimalige Afrika-Meisterin allerdings zumeist in Spanien gelebt. Neun Monate nach den Sommerspielen erhielt sie endlich die neue Staatsbürgerschaft. Bei der Hallen-EM 2002 in Wien ging sie erstmals unter neuen Farben an den Start, gewann die 60 Meter Hürden – und musste den Titel wieder abgeben, weil die Freigabe durch den nigerianischen Verband noch nicht vorlag.
Nach München kam sie mit gültiger Freigabe und als Schnellste des Kontinents (12,60 Sekunden). Im Finale zündete sie auf halber Strecke den Turbo und lief anschließend mit rot-gelber Fahne als stolze Spanierin um das Rund.

Frauen – 100 Meter Hürden

WR: Jordanka Donkowa (Bulgarien) 12,21 Sekunden (1988)

ER: Jordanka Donkowa (Bulgarien) 12,21 Sekunden (1988)

DR: Bettine Jahn (Chemnitz) 12,42 Sekunden (1983)

Finale am 9. August 2002

Gold:	Glory Alozie (Spanien) 12,73 Sekunden
Silber:	Olena Krasowska (Ukraine) 12,88
Bronze:	Jana Kasowa (Bulgarien) 12,91

Der Ischias nervte: Für Medaillenhoffnung Kirsten Bolm kam das Aus schon im Vorlauf (linke Seite).
Der »nigerianischen Spanierin« Glory Alozie war Gold nicht zu nehmen.

Ionela Tirlea (Rumänien)
Geboren am 9. Februar 1976 in Horezu.
Maße: 1,69 m, 54 kg.
Größte Erfolge: Gold bei den Europameisterschaften 1998 über 400 m Hürden, Gold bei den Hallen-Europameisterschaften 1999 über 200 m, Gold bei den Studenten-Weltmeisterschaften 1999 über 400 m.

Glücksmomente: Ionela Tirlea gelang eine von insgesamt neun erfolgreichen Titelverteidigungen in München 2002.

Heike Meissner (rechte Seite) holte sich Silber und damit ihre erste internationale Einzel-Medaille.

Frauen: 400 Meter Hürden

Heike Meissner: Ende gut, alles gut

Nach ihrem Silber wollte Heike Meissner am liebsten die ganze Welt umarmen. Freudetrunken bekam die 32-Jährige auf der Ehrenrunde von den vielen Verbeugungen fast einen Muskelkater: »Euch habe ich es zu verdanken, dass ich auf den letzten Metern noch konnte. Das hat mich einfach umgehauen«, bedankte sich die Olympia-Fünfte von Atlanta per Stadion-Mikro beim Publikum. Nie zuvor hatte die Chemnitzerin in ihrer langen Karriere eine Medaille bei einer Großveranstaltung gewonnen.
Sie hatte die Gunst der Stunde genutzt und nur der alten und neuen Europameisterin Ionela Tirlea aus Rumänien den Vortritt lassen müssen. »Die Zeit ist egal. Nach jahrelangen vergeblichen Anläufen hat es geklappt. Ich bin total happy«, meinte der Schützling von Trainer Dietmar Jarosch.
Schon nach den Vorläufen hatte sie Lunte gerochen. »Mir war klar, dass eine Medaille im Bereich des Möglichen lag, aber trotzdem muss man erst einmal die zehn Hindernisse überwinden«, meinte die Pädagogin, die nun beruhigt an ihre Schule nach Wilstruff bei Dresden zurückkehren konnte, wo sie für zehn Stunden in der Woche ihren Kindern Beine macht. »Meine Kollegen haben gesagt: Komm ja mit einer Medaille zurück. Den Wunsch habe ich ihnen erfüllt«, freute sie sich.
Dabei sah es lange Zeit kaum nach einem EM-Start aus. Anfang Januar hatte sie einen Achillessehnenriss erlitten, sich im Frühjahr noch eine Infektion eingefangen: »Ich habe lange gezittert, auch um die Norm. Aber wie sagt man so schön: Ende gut, alles gut.«

Frauen – 400 Meter Hürden

WR: Kim Batten (USA) 52,61 Sekunden (1995)

ER: Sally Gunnell (Großbritannien) 52,74 Sekunden (1993)

DR: Sabine Busch (Erfurt) 53,24 Sekunden (1987)

Finale am 8. August 2002

Gold:	Ionela Tirlea (Rumänien) 54,95 Sekunden
Silber:	Heike Meissner (Chemnitz) 55,89
Bronze:	Anna Olichwerczuk (Polen) 56,18

Stab-Artistinnen: Bronze für Yvonne Buschbaum, aber Bruchlandung für »Air Becker« (großes Bild).

Frauen: Sprung-disziplinen

Ashia Hansen (Großbritannien)
Geboren am 5. Dezember 1971 in Evansville/USA.
Maße: 1,70 m, 63 kg.
Größte Erfolge: Olympia-Vierte 1996, Fünfte bei den Weltmeisterschaften 1997, Gold bei den Hallen-Weltmeisterschaften 1999, Silber 1997, Gold bei den Hallen-Europameisterschaften 1998, Silber 2002, Hallen-Weltrekordlerin im Dreisprung mit 15,16 m seit dem 18. Februar 1998 in Valencia.

Frauen: Dreisprung

Ashia Hansen: Britischer Kampfgeist

Ashia Hansen hatte sich wenige Tage zuvor schon bei den Commonwealth Games das begehrte Gold geholt – mit 14,86 Meter im letzten Versuch. Bis zum sechsten Durchgang in München lag sie hinter der Finnin Heli Koivula zurück, die gleich zum Auftakt 14,83 Meter vorgelegt hatte.

Dann bewies die 30-jährige Britin erneut ihre große Nervenstärke, traf den Balken mit ihrer ganzen Routine auf den Punkt genau und flog auf exakt 15,00 Meter. Das war zwar wegen des Rückenwindes keine neue Weltjahres-Bestweite, aber das war der Hallen-Weltrekordlerin (15,16) in diesem Moment auch egal. Die Olympiavierte von Atlanta wurde in Evansville im US-Bundesstaat Indiana als Ashia Nana Koramdina geboren, im Alter von drei Monaten von einer Britin und deren ghanaischem Ehemann adoptiert. Sie verbrachte die ersten sechs Jahre in Afrika, ehe die Eltern nach London zogen. Auf der Insel zählt zu den populärsten Athletinnen. Vor allem wegen ihres typisch britischen Kampfgeistes.

Frauen – Hochsprung

WR: Stefka Kostadinowa (Bulgarien) 2,09 m (1987)

ER: Stefka Kostadinowa (Bulgarien) 2,09 m (1987)

DR: Heike Henkel (Leverkusen) 2,05 m (1991)

Finale am 11. August 2002

Gold:	Kajsa Bergqvist (Schweden) 1,98 m
Silber:	Marina Kuptsowa (Russland) 1,92
Bronze:	Olga Kaliturina (Russland) 1,89

Frauen – Dreisprung

WR: Inessa Krawets (Ukraine) 15,50 m (1995)

ER: Inessa Krawets (Ukraine) 15,50 m (1995)

DR: Helga Radtke (Fürth/München) 14,46 m (1994)

Finale am 10. August 2002

Gold:	Ashia Hansen (Großbritannien) 15,00 m
Silber:	Heli Koivula (Finnland) 14,83
Bronze:	Jelena Olejnikowa (Russland) 14,54

Frauen: Hochsprung

Kajsa Bergqvist Die Kaiserin

Im Münchner Dauerregen krönte sich Kajsa Bergqvist zur Kaiserin des Hochsprungs in Europa. Die junge Schwedin, mit ihrer Steigerung auf 2,04 Meter im Juli als Jahres-Weltbeste und Favoritin angereist, vollendete damit eine Phase des kontinuierlichen Aufstiegs: 1997 WM-Fünfte, 1999 WM-Vierte, 2000 Olympiadritte.

Den süßen Geschmack des Sieges hatte sie schon bei der Hallen-EM 2000 in Gent gekostet – Silber 2002 in Wien hinter Maria Kuptsowa wirkte da wie ein Rückschlag. Nun drehte die 25-Jährige den Spieß um und nahm nebenbei noch »Revanche an Russland« für die Niederlage der schwedischen Hochspringer.

Die nur 1,75 Meter große Kajsa, die an der Soutern Methodist University in den USA studiert hat, lebt inzwischen in Monaco. Mit 1,98 Meter lag die Tochter eines Hürdensprinters gleich sechs Zentimeter vor Kuptsowa, der Junioren-Weltmeisterin von 1998, die bei Fehlversuchen über 1,98 und 2,00 Meter etwas zu hoch pokerte. Höhengleich mit Bronze blieb bei 1,89 Meter der Dortmunderin Kathryn Holinski aufgrund der Mehrversuchsregel nur Rang sieben.

Dort, wo Ulrike Meyfarth 30 Jahre zuvor für die Sensation der Spiele 1972 gesorgt hatte, hätte ihre damalige Weltrekordhöhe von 1,92 Meter – unter diesmal viel schlechteren Umständen – immerhin noch zu Silber gereicht. Und ihre Goldhöhe von Athen 1982 mit 2,02 Meter ist immer noch WM-Rekord.

Kajsa Bergqvist (Schweden)
Geboren am 12. Oktober 1976 in Sollentuna.
Maße: 1,75 m, 59 kg.
Größte Erfolge: Bronze bei den Weltmeisterschaften 2001, Gold bei den Hallen-Weltmeisterschaften 2001, Gold bei den Hallen-Europameisterschaften 2000 und Silber 2002.

Swetlana Feofanowa (Russland)
Geboren am 16. Juli 1980 in Moskau.
Maße: 1,63 m, 52 kg.
Größte Erfolge: Silber bei den Weltmeisterschaften 2001, Silber bei den Hallen-Weltmeisterschaften 2001, Gold bei den Hallen-Europameisterschaften 2002, Europarekordlerin mit 4,78 m seit dem 16. Juli 2002 in Stockholm, Hallen-Weltrekordlerin mit 4,75 m seit dem 3. März 2002 in Wien.

Frauen: Stabhochsprung

»Air Becker«: Nicht abgehoben

Als ihre Teamgefährtin beim letzten Versuch die Latte riss, schlug Yvonne Buschbaum die Hände entsetzt vors Gesicht und blieb trotz Bronze untröstlich. »Die Annika ist jetzt echt fertig«, kommentierte sie den Absturz von »Air Becker« voller Mitgefühl. »Bronze ist schön und gut, aber ich kann mich nicht richtig freuen. Ein Auge lacht, das andere weint. Für meine Medaille musste Annika reißen, dabei hätte sie es verdient gehabt, aufs Podest zu kommen.«
Fräulein Becker verschwand ohne ein Wort in die dunkle Nacht. Zu tief saß der Frust darüber, dass sie nur 4,50 Meter geschafft hatte und sich mit Platz fünf begnügen muss-

te. Am Morgen danach bat die 20-Jährige aus Rotenburg/Bebra, die mit einer Bestleistung von 4,77 Meter zur EM gekommen war, um Verständnis. »Die Gefühle sind mit mir durchgegangen, ich muss noch lernen, mit so einer Niederlage umzugehen.« Um gleich 27 Zentimeter war sie unter ihrer Bestleistung geblieben. »Das volle Stadion, das gab ein bombastisches Gefühl. Ich wollte unbedingt zeigen, was ich drauf habe. Vielleicht habe ich zu viel gewollt.«

Während die Russin Swetlana Feofanowa, die ihr drei Wochen vor der EM den Europarekord mit 4,78 Meter wieder abgejagt hatte, mit 4,60 Meter im ersten Versuch souverän zu Gold flog, scheiterte die zwei Jahre jüngere deutsche Rivalin an ihren Nerven. Erst im dritten Versuch übersprang sie die 4,50 Meter. Den Frust von München wird sie irgendwann vergessen haben. »Ich habe hier zwar eine große Chance verpasst, aber ich bin ja noch jung«, tröstete sich die 20-Jährige.

Frauen – Stabhochsprung

WR: Stacy Dragila (USA) 4,81 m (2001)

ER: Swetlana Feofanowa (Russland) 4,78 m (2002)

DR: Annika Becker (Rotenburg/B.) 4,77 m (2002)

Finale am 9. August 2002

Gold:	Swetlana Feofanowa (Russland) 4,60 m
Silber:	Jelana Isinbajewa (Russland) 4,55
Bronze:	Yvonne Buschbaum (Stuttgart) 4,50

Die erhoffte Flugshow der Stab-Künstlerinnen fiel aus, der Weltrekord der amerikanischen Olympiasiegerin Stacey Dragila (4,81) blieb unangetastet. Die Siegerin verzichtete freiwillig auf weitere Versuche und hob sich den Angriff auf Dragilas Bestmarke für bessere Gelegenheiten auf, bei denen es im Gegensatz zur EM auch gutes Geld zu verdienen gibt.

Flugshow: Europarekordlerin Swetlana Feofanowa beherrschte auch in München den Luftraum (linke Seite).

Am Boden zerstört: Annika Becker nach dem dritten Fehlversuch über 4,60 Meter (unten).

Frauen: Weitsprung

Heike Drechsler: Das Ende einer Ära

Trauriger Abgang: Wie bei ihrem EM-Debüt 1982 sprang die viermalige Gold-Gewinnerin Heike Drechsler (linke Seite) an den Medaillen vorbei.

Favoritensieg: Die Jahresweltbeste Tatjana Kotowa verbesserte sich von Silber bei der WM 2001 auf Gold.

Wie ein begossener Pudel stand Heike Drechsler in den Katakomben des Olympiastadions, strich sich immer wieder mit der Hand durchs klatschnasse, blonde Haar und versuchte, nach einem sentimentalen Abend tapfer zu lächeln: »Klar bin ich enttäuscht und ein bisschen traurig, ich wollte schon mehr.« Im Regen von München hatte sie den historischen Sprung verpasst und sich für immer von der EM-Bühne verabschiedet.

Erst zehn Tage zuvor war sie in Leverkusen mit 6,85 Meter Saison-Bestweite gesprungen. »Ich bin zu allem bereit«, hatte die Olympiasiegerin von 1992 und 2000 danach mutig verkündet, obwohl die Vorbereitung mit einer dreiwöchigen Pause wegen Wadenproblemen nicht optimal verlaufen war. Ihr Ziel sei auf jeden Fall eine Medaille.

Doch 6,64 Meter im fünften Versuch waren schlichtweg zu wenig, um in den Kampf um die Medaillen einzugreifen. Mit 6,85 Meter flog die Russin Tatjana Kotowa zu ihrem ersten EM-Gold. Der Triumph der WM-Zweiten von 2001 war verdient, immerhin war sie mit 7,42 Meter als Jahresweltbeste nach München gekommen. Silber ging bei je 6,73 Meter wegen des besseren zweiten Versuchs an die Britin Jade Johnson (6,72) vor der Ungarin Tünde Vaszi (6,57).

Immerhin neun Zentimeter trennten Heike Drechsler von der ersehnten Medaille. Kein Sprung gelang der zweimaligen Weltmeisterin so wie sie wollte. Die ersten fünf gerieten auf Grund des steten Gegenwinds zu kurz. Als sie im sechsten zum ersten Mal mit Rückenwind anlief und alles riskierte, trat sie über. »Ich bin mit den Bedingungen nie zurechtgekommen«, seufzte die 37-Jährige: »Ich habe gekämpft bis zum Schluss, aber es sollte nicht sein.« Sie hatte die einmalige Gelegenheit verpasst, als erste Leichtathletin überhaupt fünfmal EM-Gold in Serie zu gewinnen. Und sie wusste: »Kotowa war heute nicht unschlagbar.«

Als sie 1982 in Athen als 17 Jahre alter DDR-Teenager ihre erste EM bestritt, landete sie mit 6,71 Meter auf Rang vier. Danach folgte bis 1998 viermal Gold. Nun war die Ära der »goldenen Heike« in der Weitsprung-Grube nach 16 Jahren zu Ende gegangen. Wie meist, wenn es nicht nach Plan gelaufen war, kokettierte sie mit ihrem Alter: »6,64 Meter mit 37 Jahren – das schafft keine außer mir.« Trotzdem will sie bei der WM 2003 in Paris auf jeden Fall noch einmal starten: »Ich habe noch Ziele und Wünsche und noch Spaß«, fügte sie trotzig hinzu. Doch auch an der »ewigen Heike« ist die Zeit nicht spurlos vorbeigegangen.

Frauen – Weitsprung

WR: Galina Tschistjakowa (UdSSR) 7,52 m (1988)

ER: Galina Tschistjakowa (UdSSR) 7,52 m (1988)

DR: Heike Drechsler (Jena) 7,48 m (1988)

Finale am 7. August 2002

Gold:	Tatjana Kotowa (Russland) 6,85 m
Silber:	Jade Johnson (Großbritannien) 6,73 m
Bronze:	Tünde Vaszi (Ungarn) 6,73 m

Tatjana Kotowa (Russland)

Geboren am 11. Dezember 1976 in Kokand/Usbekistan.
Maße: 1,82 m, 59 kg.
Größte Erfolge: Fünfte der »ewigen« Weltbestenliste nach den 7,42 Meter beim Europacup 2002, Hallen-Weltmeisterin 1999, Silber bei der Hallen- und Freiluft-Weltmeisterschaft 2001, Vierte bei den Olympischen Spielen 2000.

FUJIFILM
SPA
68
MUNICH

Frauen: Wurfdisziplinen

Ziel Athen 2004: »Ich bin trotz meines Alters noch nicht an meinem Optimum angelangt. Irgendwann bekommt jeder das, was er sich erarbeitet hat«, blickt die »silberne Steffi« Nerius mit 30 Jahren optimistisch in die Zukunft.

Kontrastprogramm: Nur »Blech« für Astrid Kumbernuss, aber Gold für Irina Korschanenko (unten).

Frauen – Kugelstoß

WR: Natalja Lissowskaja (UdSSR) 22,63 m (1987)

ER: Natalja Lissowskaja (UdSSR) 22,63 m (1987)

DR: Ilona Slupianek (Ostberlin) 22,45 m (1980)

Finale am 10. August 2002

Gold:	Irina Korschanenko (Russland) 20,64 m
Silber:	Wita Pawlitsch (Ukraine) 20,02
Bronze:	Swetlana Kriweljowa (Russland) 19,56

Frauen: Kugelstoß

Astrid Kumbernuss: Nicht ihr Tag

Traurig schnallte Astrid Kumbernuss nach dem letzten misslungenen Versuch den Gürtel ab. Die Olympiasiegerin 1996 und dreimalige Weltmeisterin (1995 bis 1999) hatte deutlich die erhoffte Medaille verpasst und sich nach einem für sie frustrierenden Wettkampf mit dem undankbaren vierten Platz zufrieden geben müssen: Kein Dampf, zu viel Krampf, das hatte gerade einmal für 19,22 Meter gereicht.

Resignierend winkte sie ab, als sie die 46 200 im Rund dennoch feierten. »Es war einfach nicht mein Tag. Ein vierter Platz ist echt blöd«, sagte die 32-jährige Neubrandenburgerin und wirkte dabei ziemlich ratlos: »Ich habe einfach nicht die Lockerheit von früher. Eine Medaille war fest eingeplant, und die 19,56, die dafür notwendig waren, sind eigentlich kein Thema. Aber ich habe nie zu meinen Rhythmus gefunden.« Nadine Kleinert, WM-Zweite von 1999 und 2001 auf Rang sechs, und Nadine Beckel als Neunte machten die DLV-Enttäuschung in der früheren Paradedisziplin komplett.

Derweil feierte die blonde Russin Irina Korschanenko ihren ersten großen internationalen Titel. Die frühere Dopingsünderin, nach ihrem zweiten Platz bei der Hallen-WM 1999 disqualifiziert und für zwei Jahre gesperrt, stieß im dritten Versuch 20,64 Meter und gewann nach EM-Silber 1998 mit über einem halben Meter Vorsprung vor Titelverteidigerin Wita Pawlitsch, 1999 ebenfalls wegen Dopings für zwei Jahre außer Verkehr gezogen.

Immerhin 34 Zentimeter fehlten Astrid Kumbernuss zu Bronze, nach Gold 1990 und Silber 1994 brachte ihr die dritte EM kein Glück. Dabei hatte sich die 1,86

Irina Korschanenko (Russland)

Geboren am 16. Mai 1974 in Azov.
Maße: 1,78 m, 90 kg.
Größte Erfolge: Bronze bei den Hallen-Weltmeisterschaften 1997, Silber bei den Europameisterschaften 1998, Gold bei den Hallen-Europameisterschaften 1998.

Ekaterini Vogoli (Griechenland)
Geboren am 30. Oktober 1970 in Larisa.
Maße: 1,75 m, 87 kg.
Bis München 2002 keine größeren Erfolge.

Meter große Blonde nach der Bronzemedaille von Gelegenheits-Trainingspartner Ralf Bartels große Hoffnungen gemacht. »Eine EM im eigenen Land ist eine Riesen-Motivation. Das bringt einige Zentimeter. Ich erwarte relativ viel von mir, auf jeden Fall werden die 20 Meter fällig«, hatte sie versprochen.
Stattdessen blieb sie in München 64 Zentimeter unter ihrer Saisonbestleistung von 19,86 m. Es schien, als neige sich die glanzvolle Karriere der Astrid Kumbernuss dem Ende zu.

Frauen: Diskuswurf

Ekaterini Vogoli: Erstmals vorn

Sie hatte kaum jemand auf der Rechnung gehabt. Ekaterini Vogoli holte im Diskuswerfen Gold und vollendete damit den »griechischen Abend« an diesem zweiten Wettkampftag, nachdem kurz zuvor schon Ekaterina Thanou als Sprintkönigin gefeiert worden war.

Für die nur 1,74 Meter große Werferin war es der erste nennenswerte Erfolg – mit immerhin schon 31 Jahren. Sie ist eine Spätstarterin auf internationaler Bühne, die aber erst bei Olympia 2004 im eigenen Land zur vollen Reife gelangen will. Im zweiten Versuch setzte sie sich mit der Siegweite von 64,31 Meter an die Spitze, blieb dabei nur wenig unter ihrer Bestleistung (64,94) und meinte anschließend höchst selbstbewusst: »Der Regen hat vielleicht größere Weiten verhindert.«
Auf den Plätzen landeten die Favoritinnen: Titelverteidigerin Natalja Sadowa aus Russland, die schon 1996 Olympiazweite war, und Vogolis weit höher gehandelte Landsfrau Anastasia Kelesidou, die Zweite von Sydney 2000 und von der WM 2001. Besonders Sadowa haderte mit dem Wettergott: »Das hat mich bei den beiden letzten Versuchen schon sehr gestört.« Da trat sie jeweils über.
Die deutschen Hoffnungen waren mit der Absage von Titelverteidigerin Franka Dietzsch (Neubrandenburg) frühzeitig dahin. Seit Monaten hatte sich die 34-Jährige mit Problemen an der Achillessehne geplagt und sich in vielen Wettkämpfen nur weit unter Wert präsentieren können.

Frauen – Diskuswurf

WR: Gabriele Reinsch (Cottbus) 76,80 m (1988)

ER: Gabriele Reinsch (Cottbus) 76,80 m (1988)

DR: Gabriele Reinsch (Cottbus) 76,80 m (1988)

Finale am 7. August 2002

Gold:	Ekaterini Vogoli (Griechenland) 64,31 m
Silber:	Natalja Sadowa (Russland) 64,12
Bronze:	Anastasia Kelesidou (Griechenland) 63,92

Spätstarterin: Ekaterini Vogoli hat bei Olympia 2004 in Athen ein »Heimspiel«.

So ein Hammer: Olga Kusenkowa warf schon vor fünf Jahren an gleicher Stelle als erste Frau über 70 Meter.

Olga Kusenkowa (Russland)
Geboren am 4. Oktober 1970 in Smolensk.
Maße: 1,76 m, 76 kg.
Größte Erfolge: Olympia-Silber 2000, Silber bei den Weltmeisterschaften 1999 und 2001, Silber bei den Europameisterschaften 1998, Jeweils fünf offizielle und inoffizielle Weltrekorde, 1997 als erste Frau über 70 m.

Frauen: Hammerwurf

Olga Kusenkowa: Eine Frage der Balance

Endlich schlug auch Olga Kusenkowas goldene Stunde. Silber hatte die 31-jährige schon reichlich geholt, ob bei Olympia 2000 oder der WM. »Ich freue mich ganz besonders für sie«, meinte sogar die Französin Manuela Montebrun, die Dritte geworden war.

1997 hatte Kusenkowa als erste Frau den Hammer über die 70-Meter-Marke geschleudert. In einem hochkarätigen Wettkampf setzte sie sich vor Polens Olympiasiegerin Kamila Skolimowska durch, die sich erst ganz zum Schluss noch auf den Silberrang vorschob.

Die deutsche Meisterin Susanne Keil aus Frankfurt und Andrea Bunjes vom SV Holtland mussten frühzeitig die Segel streichen und verließen bereits vor dem Finale der besten Acht das Olympiastadion. »Sie sind besser als es das Ergebnis aussagt. Ich bin mir sicher, dass wir zukünftig vorne mitmischen können«, meinte Trainer Michael Deyhle. Die letzte deutsche Medaille holte Kirsten Münchow. Nach der Geburt ihres Kindes blieb der Olympiadritten 2000 diesmal aber nur die Zuschauerrolle.

Doch Susanne Keil ließ sich auch durch Platz zehn nicht entmutigen: »Es ist immer ein Balanceakt zwischen Muskulaturaufbau und Weiblichkeit. Ich werde aber weiter versuchen, die dicken Damen noch etwas zu ärgern.« Sie ist 1,72 Meter groß und 64 Kilogramm leicht. Die Aufholjagd wird schwer. Zur EM-Dritten Montebrun (1,75 Meter und 92 Kilogramm) fehlten ihr exakt 7,12 Meter.

Frauen – Hammerwurf

WR: Mihaela Melinte (Rumänien) 76,07 m (1999)

ER: Mihaela Melinte (Rumänien) 76,07 m (1999)

DR: Kirsten Münchow (Frankfurt/M.) 69,28 m (2000)

Finale am 9. August 2002

Gold:	Olga Kusenkowa (Russland) 72,94 m
Silber:	Kamila Skolimowska (Polen) 72,46
Bronze:	Manuela Montebrun (Frankreich) 72,04

Frauen: Speerwurf

Steffi Nerius: Vize wie die Fußballer

Der kleine Speerwerfer an ihrem Halskettchen ist längst aus Gold, nun erweiterte Steffi Nerius ihre Schmucksammlung endlich um ihre erste Medaille. »Nach den vielen vergeblichen Anläufen in den letzten Jahren soll es damit ruhig weitergehen. Mein großer Traum war immer, Olympia-Gold zu gewinnen. Dafür werde ich alles tun«, sagte die 30-Jährige. Mit dem »Leverkusen-Syndrom« des »Vizemeisters« wie bei den Fußballern konnte sie diesmal – noch – bestens leben.
Nur Griechenlands Olympia-Zweite Mirela Manjani verhinderte das Gold der Diplom-Sportlehrerin, die im dritten Versuch die Prophezeiung von Trainingskamerad Boris Henry wahr gemacht hatte: »Die Steffi haut einen raus.« Trotz des verletzungsbedingten Verzichtes von Titelverteidigerin Tanja Damaske sicherte sie dem deutschen Lager somit wieder Edelmetall. Die Umstellung auf einen kürzeren Anlauf zahlte sich aus.
Im Optimalfall hatte sich die Frau mit dem prägnanten Stirnband sogar »zwei, bis drei Meter mehr« als die 64,09 zugetraut. Das macht sie für die Zukunft auch so optimistisch: »Ich bin trotz meines Alters noch nicht an meinem Optimum angelangt.«
Die einst als großes Volleyball-Talent geltende Athletin war noch im Winter eine EM-Wackelkandidatin. Nach latenten Problemen im Wurfarm hatte sie sich einer Ellenbogen-Operation unterzogen. Erst damit war der Weg zur Medaille frei.
Zur »Tretmühle« Leistungssport hat die in Bergen auf Rügen geborene Athletin in den vergangenen Jahren zunehmend einen interessanten Ausgleich gefunden. In Leverkusen engagiert sie sich mit Hingabe im Behindertensport und möchte junge Nachwuchssportler behutsam an die Spitze heranführen. »Das ist eine sehr reizvolle und verantwortungsvolle Aufgabe, die mir sehr viel Spaß bereitet«, sagt Steffi Nerius.

»Steffi haut einen raus«: Kollege Boris Henry behielt mit seiner Prognose Recht.

Frauen – Speerwurf

WR: Osleidys Menendez (Kuba) 71,54 m (2001)

ER: Trine Hattestad (Norwegen) 69,48 m (2000)

DR: Tanja Damaske (Berlin) 66,91 m (1999)

Finale am 8. August 2002

Gold:	Mirela Manjani (Griechenland) 67,47 m
Silber:	Steffi Nerius (Leverkusen) 64,09
Bronze:	Mikaela Ingberg (Finnland) 63,50

Mirela Manjani (Griechenland)

Geboren am 21. Dezember 1976 in Dirrahio/Albanien.
Maße: 1,68 m, 63 kg.
Größte Erfolge: Gold bei den Weltmeisterschaften 1999, Olympia-Silber 2000.

SPAR
BENZ

Frauen: Siebenkampf

Höhenflug auf dem Weg in den siebten Himmel: Sabine Braun nimmt nach 20 Jahren in ihrem 63. Siebenkampf Abschied von der internationalen Bühne.

Carolina Klüft (Schweden)

Geboren am 2. Februar 1983 in Boras.
Maße: 1,78 m, 64 kg.
Größte Erfolge: Gold bei den Junioren-Weltmeisterschaften 2000 und 2002, Gold bei den Junioren-Europameisterschaften 2001, Junioren-Weltrekordlerin.

Gesichter des Siebenkampfs (von links oben im Uhrzeigersinn): Gold-Mädel Carolina Klüft, die Neunte Sonja Kesselschläger, Silber-Dame Sabine Braun und die Sechste Kathleen Gutjahr.

Europameisterschaften

Frauen: Siebenkampf

Sabine Braun: Abschied mit Happyend

Als Sabine Braun am vorletzten EM-Tag von München um exakt 18.24 Uhr einen grandiosen Abschied von einer glanzvollen Karriere mit Silber gefeiert hatte, weinte sogar der Himmel.

Im T-Shirt mit dem Aufdruck »Dank dem tollen Publikum« lief sie mit der Deutschland-Fahne unter den Klängen von »Simply the Best« ihre endgültig letzte Ehrenrunde, winkte danach mit Stoffhund Kati ein letztes Mal vom Siegerpodest aus dem Publikum zu. Eine der größten Siebenkämpferinnen aller Zeiten hatte ihre fast 20 Jahre währende Erfolgsstory mit einem Happyend abgeschlossen.

»Alles ist noch so irreal. Wahrscheinlich wird in ein, zwei Wochen Wehmut aufkommen. Aber ich bin froh, dass alles vorbei ist. Ich konnte mir kein perfekteres Ende vorstellen«, meinte die 37-Jährige, nachdem sie im 63. Siebenkampf ihrer Karriere noch einmal alles aus ihrem hageren Körper herausgeholt und mit 6434 Punkten einen würdigen Schlusspunkt gesetzt hatte.

»Als ich über die Ziellinie gelaufen bin, dachte ich nur eins: Silber. Es war nicht so, dass plötzlich ein Film von 20 Jahren im Zeitraffer ablief«, sagte die deutsche Rekordhalterin, die im deutschen Mehrkampflager eine große Lücke hinterläßt. Ihre Bestleistung von 6985 Punkten wird wohl für lange Orientierungspunkt bleiben. »In ihr verlieren wir eine großartige Athletin. Sie ist eine bewundernswerte Frau«, meinte der einstige DLV-Präsident und OK-Chef Prof. Helmut Digel.

Abends wurden unzählige Bilder für die Erinnerungsalben mit dem Bochum-

Geschafft: Sabine Braun nach dem letzten Meter ihrer glanzvollen Karriere.

Dank an das Publikum: Von 26 Teilnehmerinnen hielten 21 die zweitägige Schufterei durch (unten).

Wattenscheider Fan-Klub geschossen. Vater Günter kämpfte mit den Tränen. Sabines Mutter und ihre Schwester Birgit waren viel zu früh einem Krebsleiden erlegen. »Ich musste frühzeitig mit der Angst leben lernen«, sagte Braun, deren großer Rückhalt immer ein Team war.
Zu den großen Medaillen führten sie ihre »Ziehmutter« Gertrud Schäfer und Ex-Weitspringer Joachim Busse. Als sich das Verhältnis zerschlissen hatte, übernahm Wolfgang Stein die zentrale Verantwortung. Die frühere Weltklasse-Speerwerferin Beate Peters war ihre ständige Wegbegleiterin in den letzten Jahren.

Schwedens neuer Siebenkampf-Star Carolina Klüft reihte sich in die Schar der Bewunderer ein: »Als sie ihren ersten Wettkampf machte, war ich gerade den Windeln entschlüpft. Ich habe schon als Schülerin immer zu ihr aufgeschaut«, sagte die 18 Jahre jüngere Mehrkämpferin, die nach der Verbesserung ihres eigenen Junioren-Weltrekordes (6542 Punkte) und dem EM-Triumph die dominierende Athletin der Zukunft sein dürfte.

Frauen – Siebenkampf

WR: Jackie Joyner-Kersee (USA) 7291 Punkte (1988)

ER: Larissa Nikitina (UdSSR) 7007 Punkte (1989)

DR: Sabine Braun (Wattenscheid) 6985 Punkte (1992)

Finale am 9./10. August 2002

Gold: Carolina Klüft (Schweden) 6542 Punkte* (100 m Hürden: 13,33 Sekunden – Hochsprung: 1,89 m – Kugelstoß: 13,16 m – 200 m: 23,71 Sekunden – Weitsprung: 6,36 m – Speerwurf: 47,61 m – 800 m: 2:17,99 Minuten)

Silber: Sabine Braun (Wattenscheid) 6434 (13,58 – 1,80 – 14,56 – 24,69 – 6,50 – 51,23 – 2:23,24

Bronze: Natalja Sasanowitsch (Weißrussland) 6341 (13,64 – 1,80 – 15,86 – 24,42 – 6,33 – 47,13 – 2:28,25)

* Junioren-Weltrekord

adidas
FUJIFILM

Männer: Kurzstrecken Staffeln

In jeder Hinsicht die Nummer 1: Ingo Schultz aus Hamburg gewinnt am dritten EM-Tag die Stadionrunde und damit die erste Goldmedaille für Gastgeber Deutschland.

Klare Sache: Der Brite Dwain Chambers (Mitte) wird schnellster Europäer vor dem Portugiesen Francis Obikwelu (links) und seinem Landsmann Darren Campbell (rechts).

SPAR
514
SPAR
79
SPAR
2
5

Männer: 100 Meter

Dwain Chambers: Ende eines Albtraums

Dwain Chambers fielen ganze Mühlsteine von der Seele. Er hatte sich und aller Welt bewiesen, dass er kein »Versager« war, sondern auch in wichtigen Rennen Nerven wie Drahtseile hatte: »Das Aus bei den Commonwealth-Spielen hat mich hart getroffen. Der Sieg hier macht mich zum echten Champ«, strahlte der schnellste Mann Europas. Er hatte die britische Dominanz im Sprint nahtlos fortgesetzt, die 1986 durch Linford Christie eingeläutet worden war. In 9,96 Sekunden lief er dazu im Finale persönlichen Rekord und Europa-Jahresbestzeit, und das trotz kühler Witterung und drei Fehlstarts der Konkurrenz, ließ dem Rest des Feldes keine Chance. Auch nicht dem gebürtigen Nigerianer Francis Obikwelu und Titelverteidiger Darren Campbell.

Elf Tage zuvor hatte der 24-Jährige in Manchester ein Debakel erlitten, als er bei den Commonwealth Games aufgeben musste: »Jeder sagte, es wären meine schwachen Nerven gewesen, aber es waren echte Krämpfe.« Ähnliche Muskelprobleme, offenbar wegen Mineralmangels, hatten ihn schon in Sydney 2000 behindert, als er trotzdem noch Vierter wurde.

Nach zwei Erfolgen über Olympiasieger und Weltmeister Maurice Greene (USA) in der Saison, darunter beim Golden-League-Meeting in Oslo, war Chambers als hoher EM-Favorit gehandelt worden, ehe der Manchester-Absturz kam: »Das war ein echter Alb-

Dwain Chambers (Großbritannien)

Geboren am 5. April 1978 in London.
Maße: 1,80 m, 83 kg.
Größte Erfolge: Im Sommer 2002 zweimaliger Bezwinger von Weltrekordler Maurice Greene (USA) über 100 m, Weltmeisterschafts-Dritter 1999, Olympia-Vierter 2000, Weltmeisterschafts-Fünfter 2001, Europameisterschafts-Zweiter 1998 und Commonwealth Games-Sieger 2001 über die 100 m.

Mitläufer: Von Chambers' Zeiten konnten Marc Blume (links oben) als Halbfinalist und Alexander Kosenkow als Zwischenlauf-Teilnehmer nur träumen.

traum, der mich seitdem verfolgt hat. Du weißt, dass du stark bist, aber du beginnst an dir selbst zu zweifeln«, bekannte der 1,80 Meter große Jungstar. Mit gerade 20 Jahren war er 1998 schon EM-Zweiter und ein Jahr darauf WM-Dritter geworden.
Die Halbfinals hatten er und Obikwelu in jeweils 10,12 für sich entschieden. Als Sechster scheiterte der deutsche Meister Marc Blume (Wattenscheid), der dabei seinen 10,29 Sekunden vom Zwischenlauf nur 10,38 folgen lassen konnte.

Männer – 100 Meter

WR: Maurice Greene (USA) 9,79 Sekunden (1999)

ER: Linford Christie (Großbritannien) 9,87 Sekunden (1993)

DR: Frank Emmelmann (Magdeburg) 10,06 Sekunden (1985)

Finale am 7. August 2002

Gold:	Dwain Chambers (Großbritannien) 9,96 Sekunden
Silber:	Francis Obikwelu (Portugal) 10,06
Bronze:	Darren Campbell (Großbritannien) 10,15

adidas
SPAR
717
MUNICH 2002

Männer: 200 Meter

Kostas Kenteris: Geheimnisvoller Grieche

Mit ihm zu reden ist so schwierig, wie den Papst ans Telefon zu bekommen. Sein Wortschatz in der Weltsprache Englisch ist rudimentär. Außerdem käme er eh' nicht zu Wort, weil sein Trainer ein ziemlich penetrantes Mitteilungsbedürfnis hat. Doch eine Sache konnte immerhin geklärt werden, nachdem der scheue Mann nun als Olympiasieger und Weltmeister auch Europameister ist: »Kenteris«, so heiße er – nicht etwa »Kederis«, wie es in vielen Statistik-Büchern steht.

Schon das Verwirrspiel um seinen Nachnamen dokumentiert, dass der 29 Jahre alte Sportlehrer von der griechischen Insel Lesbos nur schwer zu fassen ist. Das hat angefangen, als er vor zwei Jahren in Sydney nach dem Verzicht von Weltrekordler Michael Johnson (USA) Gold über die 200 Meter gewann. Kenteris war der Inbegriff eines Nobodys. Kurios bleibt, dass er sich selten bei internationalen Sportfesten blicken lässt, dafür aber bei Großereignissen abräumt. Der Sensation bei Olympia (20,09 Sekunden) und dem WM-Titel 2001 (20,04) folgte der EM-Sieg mit dem »Flachland-Europarekord« von 19,85 Sekunden.

»Ich denke, jetzt habe ich den Grand Slam über 200 Meter«, teilte Kenteris im Verlauf seiner spärlichen Ausführungen mit. Er sei außerdem überzeugt, dass er den 33 Jahre alten Europarekord von Pietro Mennea brechen könne. Der Italiener lief seine 19,72 im Jahre 1979 allerdings in der Höhenluft von Mexiko.

Erstmals kam Kenteris in München unter 20 Sekunden. Der Sieg, nicht die Zeit, hat ihn um 175 000 Euro aus dem Etat des griechischen Sportministers reicher gemacht. Den des Verteidigungsministers belastet er als Soldat bei der Luftwaffe mit nur 700 Euro monatlich.

»Geld ist nicht alles«, sagt Christos Tzekos, der immer redet, wenn Kenteris gefragt wird. Der eloquente Mann, der sich als Trainer des schnellen Griechen ausgibt und als Hauptberuf »Geschäftsmann« im Bereich »Import und Export« anführt, erklärt damit die seltenen Auftritte seines Schützlings. Aus finanziellen Gründen sei ein Start etwa bei der »Golden League« nicht nötig: »Die Regierung zahlt uns mehr.« Dass dies der wahre Grund ist, mag mancher Konkurrent einfach nicht glauben.

Männer – 200 Meter

WR: Michael Johnson (USA) 19,32 Sekunden (1996)

ER: Pietro Mennea (Italien) 19,72 Sekunden (1979)

DR: Frank Emmelmann (Magdeburg) 20,23 Sekunden (1985)

Finale am 9. August 2002

Gold:	Kostas Kenteris (Griechenland) 19,85 Sekunden
Silber:	Francis Obikwelu (Portugal) 20,21
Bronze:	Marlon Devonish (Großbritannien) 20,24

Kostas Kenteris (Griechenland)

Geboren am 11. Juni 1973 in Mitilini
Maße: 1,80 m, 78 kg.
Größte Erfolge: Olympia-Gold 2000, Gold bei den Weltmeisterschaften 2001.

Nur Fliegen ist schöner: Nach Sydney 2000 und Edmonton 2001 triumphiert Kostas Kenteris auch in München 2002 (linke Seite).

Der Brite Marlon Devonish (oben rechts) als Dritter und der Pole Marcin Jedrusinski (links) als Fünfter können dem überlegenen Griechen nur nachschauen.

Männer: 400 Meter

Ingo Schultz: Der deutsche Goldjunge

Männer – 400 Meter

WR: Michael Johnson (USA) 43,18 Sekunden (1999)

ER: Thomas Schönlebe (Chemnitz) 44,33 Sekunden (1987)

DR: Thomas Schönlebe (Chemnitz) 44,33 Sekunden (1987)

Finale am 8. August 2002

Gold: Ingo Schultz (Hamburg) 45,14 Sekunden
Silber: David Canal (Spanien) 45,24
Bronze: Daniel Caines (Großbritannien) 45,28

Stolzer Sieger Schultz, flankiert vom ebenfalls stolzen Spanier David Canal und dem nicht ganz so stolzen Briten Daniel Caines.

Gratulationscour: Das Siegerlächeln wirkt etwas gequält (unten).

Ingo Schultz lief der Konkurrenz und der Freundin davon. Fünf Stunden nach dem 400-Meter-Gold beendete der frischgebackene Europameister um zwei Uhr nachts die halbjährige Romanze mit Schwimmerin Antje Buschschulte. Möglicherweise stammte die rote Rose, die nach seinem Goldlauf auf der Bahn landete, schon aus der Hand der Nachfolgerin. Ingo und Antje hatten sich im Oktober 2001 beim Treffen der deutschen Medaillengewinner im »Club der Besten« kennengelernt.

Die Siegerehrung hatte er mit geschlossenen Augen erlebt: »Die Nationalhymne vermittelte mir eine Non-Stop-Gänsehaut. Den Moment wollte ich für mich genießen«, meinte der Lange mit dem schwarzen Bürstenhaarschnitt. Gleiches galt für die wohl langsamste Ehrenrunde aller Zeiten: »Ich wollte bewusst wahrnehmen, was da los war. Die Situation war einmalig für mich, einen großen Titel vor eigenem Publikum gewinnen zu können. Mit 50000 Leuten im Rücken, die einen siegen sehen wollen.«

Er war der erste deutsche 400-Meter-Europameister seit 20 Jahren, er hatte an diesem dritten Wettkampftag das erste deutsche Gold in München geholt, es sollte das einzige in einem Einzelwettbewerb bleiben. Der 27-Jährige rettete sich mit einer Zehntelsekunde vor dem Spanier David Canal ins Ziel: »Das Publikum hat mich getragen, als meine Beine auf der Zielgeraden schwer wurden.« Der mitfavorisierte Hallenweltmeister Daniel Caines überschätzte sich und musste sich mit Bronze begnügen.

»Die Goldmedaille kommt in die Vitrine im Wohnzimmer«, verkündete der Sieger stolz: »Da habe ich einen reinen Leichtathletik-Schrank.« Seine Urkunde vom Hamburg-Marathon 1997, die den kuriosen Beginn seiner steilen Karriere dokumentiert, zählt nicht mehr zu den Ausstellungsstücken des Oberleutnants. »Mit Bildern hatte ich daraus eine Collage gemacht, die ist aber leider beim Umzug ramponiert worden.«

Obwohl er nun erst im zweiten Jahr der Weltklasse angehört, denkt Schultz vorerst nur bis 2004: »Mein großes Ziel ist Olympia in Athen. Was danach kommt, steht in den Sternen«, meinte der Spätstarter, dessen Talent erst mit 23 Jahren von seinem Trainer Jürgen Krempin durch Zufall in einer Sport-AG der Bundeswehr entdeckt wurde.

Über seine Grenzbereiche tappt Schultz, der nach einer Erkältung leicht geschwächt in die EM gegangen war, vorerst noch im Dunkeln: »45,14 Sekunden ist auch eine Topzeit«, erklärte er zu dem knapp verpassten 44er-Level, den er 2001 bei der WM in Edmonton (44,66) und als deutscher Meister 2002 (44,97) bereits erreicht hatte.

An die glorreiche deutsche 400-Meter-Tradition hat der »Läufertyp wie Karl Honz« (Schultz über Schultz) mit dem ersten deutschen EM-Sieg seit Hartmut Weber 1982 längst angeknüpft. Thomas Schönlebe, Weltmeister von 1987, versprach ihm als Prämie für das Unterbieten seines Europarekordes (44,33) schon eine Kiste Wein.

Ingo Schultz (Deutschland)
Geboren am 26. Juli 1975 in Lingen
Maße: 2,01 m, 96 kg
Größte Erfolge: Weltmeisterschafts-Zweiter 2001.

Flotter Vierer: Titelverteidiger Großbritannien mit (von links) Marlon Devonish, Christian Malcolm, Dwain Chambers und Darren Campbell.

Männer: 4 x 100 Meter

Logischer Sieger

Die Briten waren eigentlich der logische Sieger. In europäischer Saisonbestzeit von 38,19 Sekunden eroberten sie zum zweiten Mal in Serie das Gold in der Sprintstaffel. Mit Ausnahme von Startläufer Christian Malcolm, Vierter über 200 Meter, hatten in München schon alle in den Einzelrennen auf dem Treppchen gestanden.

Darren Campbell, der vier Jahre nach dem Gold von Budapest über 100 Meter Bronze gewonnen hatte und als einziger des 98er-Quartetts erneut dabei war, gab den Stab weiter an Marlon Devonish, den 200-Meter-Dritten.

Der wechselte bereits in Front auf Dwain Chambers, den 100-Meter-Sieger, der den Briten 1998 noch nicht gut genug für einen Einsatz in der Staffel gewesen war – obwohl damals gerade schon Vize-Europameister.

Für die Briten selbst war der Sieg allerdings nicht von vornherein so »logisch« gewesen. Hatten sie doch bei Olympia 2000 und bei der WM 2001 jeweils als Mitfavoriten wegen verpatzter Wechsel nicht einmal die Finals erreicht.

Das deutsche Quartett rechtfertigte seine Nominierung so überzeugend wie schon lange nicht mehr. Mit 38,88 lief es im wichtigsten Rennen des Jahres Saisonbestzeit. Doch gegen die Ukraine (38,53) und Polen (38,71) reichte es nicht zu Bronze für das Wattenscheider Trio Ronny Ostwald, Marc Blume und Alexander Kosenkow sowie den Kornwestheimer Schlussmann Christian Schacht.

Männer – 4 x 100 Meter

WR: USA (Marsh, Burrell, Mitchell, Lewis) 37,40 Sekunden (1992)

USA (Marsh, Burrell, Mitchell, Lewis) 37,40 Sekunden (1993)

ER: Großbritannien (Gardener, Campbell, Devonish, Chambers) 37,73 Sekunden (1999)

DR: DDR (Schröder, Kübeck, Prenzler, Emmelmann) 38,29 Sekunden (1982)

Finale am 11. August 2002

Gold:	Großbritannien (Malcolm, Campbell, Devonish, Chambers) 38,19 Sekunden
Silber:	Ukraine (Wasjukow, Rurak, Dowgal, Kajdasch) 38,53
Bronze:	Polen (Pilarczyk, Chyla, Nowak, Urbas) 38,71

Männer: 4 x 400 Meter

DLV-Quartett: Trauriges Finale

So hatte sich niemand den »krönenden« Abschluss der festlichen Tage von München vorgestellt. In der Männerstaffel über 4 x 400 Meter gingen die zweiten Läufer auf ihre letzten 50 Meter, als sich der Pole Marek Plawgo wie wild den Weg freischaufelte. Während sich der Franzose Ahmed Douhou mit Hilfe seines Stabes handfest zu wehren wusste, wurde Jens Dautzenberg voll erwischt.

Der Wolfsburger stürzte und konnte nur noch abgeschlagen als Letzter übergeben. Das Rennen war aus deutscher Sicht gelaufen. Zuvor hatte der nicht taufrisch wirkende Einzel-Europameister Ingo Schultz als Startläufer die Gastgeber nur knapp in Führung gebracht.

Am Ende wurden die auf Platz drei angekommenen Polen zwar disqualifiziert, doch das war nur für die Franzosen ein Trost: »Uns bringt das auch nichts mehr, ich bin total gefrustet«, meinte Schultz. Gold ging an das favorisierte Quartett aus Großbritannien, das zum fünften Mal in Serie siegte. Es setzte damit eine Ära fort, die 1986 in Stuttgart begonnen hatte. Die 48 500 Zuschauer auf den Rängen feierten trotz der vorangegangenen Enttäuschung auch die letzten Sieger von München gebührend.

Männer – 4 x 400 Meter

WR: USA (Young, Pettigrew, Washington, Johnson) 2:54,20 Minuten (1998)

ER: Großbritannien (Thomas, Baulch, Richardson, Black) 2:56,60 Minuten (1996)

DR: DVfL-Auswahl (Möller, Schersing, Carlowitz, Schönlebe) 2:59,86 Minuten (1985)

Finale am 11. August 2002

Gold:	Großbritannien (Deacon, Elias, Baulch, Caines) 3:01,25 Minuten
Silber:	Russland (Mischukow, Semjonow, Maschtschenko, Borsakowski) 3:01,34
Bronze:	Frankreich (Djohne, Douhou, Keita, Wade) 3:02,76

Na, endlich: Nach Bronze im Einzelrennen Gold in der Staffel für den Briten Daniel Caines (links).

Aus der Traum: Jens Dautzenberg wird von Marek Plawgo ausgehebelt, die Polen werden disqualifiziert.

Geballte Spurtkraft: Weltrekordler Wilson Kipketer (Startnummer 233), Weltmeister Andre Bucher (1424) und Olympiasieger Nils Schumann (640) machten wie so oft die Medaillen über 800 Meter unter sich aus.

Männer: Mittelstrecken Langstrecken

ESPAÑA
Reebok
vodafone
SPAR
267
MUNICH 2002

ESPAÑA
Reebok

Glücklichster Sieger gesucht: Zur Wahl stehen (im Uhrzeigersinn von links oben) der Spanier Alberto Garcia (5000 Meter), der Pole Robert Korzeniowski (50 km Gehen), Frankreichs Mehdi Baala (1500 Meter) und Jose Manuel Martinez aus Spanien (10000 Meter).

Männer – 800 Meter

WR: Wilson Kipketer (Dänemark)
1:41,11 Minuten (1997)

ER: Wilson Kipketer (Dänemark)
1:41,11 Minuten (1997)

DR: Willi Wülbeck (Wattenscheid)
1:43,65 MInuten (1983)

Finale am 11. August 2002

Gold: Wilson Kipketer (Dänemark) 1:47,25 Minuten
Silber: Andre Bucher (Schweiz) 1:47,43
Bronze: Nils Schumann (Großengottern) 1:47,60

Männer: 800 Meter

Wilson Kipketer: Auf höchstem Niveau

Im Endspurt der großen Drei ging Nils Schumann die Kraft aus. »Ich habe zusammen mit zwei Besseren auf der Bahn gestanden. Ich denke, ich kann mit Bronze leben«, kommentierte der Olympiasieger seinen dritten Platz im Münchner EM-Finale über 800 Meter hinter Dänemarks Weltrekordler Wilson Kipketer und Weltmeister Andre Bucher aus der Schweiz.

Der dreimalige Weltmeister Kipketer, der bei Olympia 2000 in Sydney »nur« Silber hinter Schumann gewonnen hatte, machte seine Ankündigung kompromisslos wahr: »Ich werde mein eigenes Rennen laufen«, hatte der gebürtige Kenianer erklärt, der seit 1990 in Dänemark lebt und mit einer Dänin verheiratet ist. 300 Meter vor dem Ziel startete er eine gnadenlose Attacke, Schumann heftete sich an seine Fersen, musste 30 Meter vor dem Ziel jedoch noch Andre Bucher passieren lassen.

»Ich war in den ersten Minuten danach natürlich sehr traurig, weil ich gewinnen wollte. Es war ein Rennen auf höchstem taktischen Niveau, und ich hatte auch eine große Chance«, meinte der 24 Jahre alte Erfurter. Das sah Kipketer aber ganz anders: »Wenn ich gesund bin, hat er auf den letzten 200 Metern keine Chance gegen mich, das muss er wissen.« Anders als bei Olympia in Sydney oder der EM in Budapest spielte der Rennverlauf dem taktisch gewieften Thüringer diesmal nicht in die Karten – trotz langsamer Auftaktrunde. Kipketer legte die letzten 300 Meter unter 38 Sekunden zurück.

Silbermedaillengewinner Bucher überraschte sich selbst: »Ich bin nicht in der Form wie letztes Jahr, dazu fehlen mir zehn Trainingswochen«, sagte der Schweizer: »Eigentlich bin ich vor allem wegen der Super-Stimmung nach München gekommen.«

Schumanns Vorbereitung war durch einen beim Mountainbike-Fahren erlittenen Oberarmbruch Anfang Februar aus dem Rhythmus geraten. Außerdem war der Titelverteidiger durch eine starke Erkältung gehandicapt. Der deutsche Meister Rene Herms aus Pirna wurde Siebter: »Das Erreichen des Endlaufs war für mich bereits ein großer Erfolg.«

Wilson Kipketer (Dänemark)

Geboren am 12. Dezember 1970 in Kapchemoiywo/Kenia.
Maße: 1,72 m, 62 kg.
Größte Erfolge: Olympia-Silber 2000 über 800 m, Gold bei den Weltmeisterschaften 1995, 1997 und 1999 über 800 m, Gold bei den Hallen-Weltmeisterschaften 1997 und Silber 1999 über 800 m, Seit dem 24. August 1997 in Köln mit 1:41,11 Minuten Weltrekordler über 800 m.

Ende einer Durststrecke: Wilson Kipketer meldet sich nach den Niederlagen bei der EM 1998 in Budapest und in Sydney 2000 gegen Nils Schumann (links) und dem Verzicht auf die WM 2001 in Edmonton in München eindrucksvoll zurück.

Mehdi Baala (Frankreich)
Geboren am 17. August 1978 in Straßburg.
Maße: 1,83 m, 66 kg.
Größte Erfolge: Olympia-Vierter 2000 über 1500 m (bester Platz eines Franzosen bei Olympia), Europacup-Gewinner über 800 m und 1500 m 2000.

Männer: 1500 Meter

Mehdi Baala: Aus Zwei mach Eins

Brust an Brust kämpften sich Reyes Estevez und Mehdi Baala dem Ziel entgegen, der Spanier gab keinen Boden preis, obwohl ihm in der letzten Kurve der Schnürsenkel aufgegangen war. Nach 3:45,25 Minuten passierten beide zeitgleich die Lichtschranke, wurden zu gemeinsamen Siegern ausgerufen und absolvierten nach dem »toten Rennen« als »Doppelsieger« die Ehrenrunde.
Minuten vergingen, in denen das Zielfoto nochmals überprüft wurde. Dann hatte Estevez das Gold wieder verloren. Zwei Tausendstelsekunden gaben für den Franzosen den Ausschlag, dessen Schulter um wenige Zentimeter vorne lag. »Mein rechter Arm ist ab jetzt mein goldener Arm«, kommentierte der in Straßburg wohnende Baala den Ausgang, der damit kurz vor seinem 24. Geburtstag den bislang größten Erfolg seiner Laufbahn feierte. Bei Olympia in Sydney hatte der Franzose als Vierter knapp eine Medaille verpasst.
Für Estevez blieb nach einem Wechselbad der Gefühle nur der traurige Trost, dass nunmehr mit Silber seine Medaillensammlung komplett ist. Vor vier Jahren hatte er den EM-Triumph von Budapest gefeiert, dazu zweimal WM-Bronze 1997 und 1999 geholt.

Männer – 1500 Meter

WR: Hicham El Guerrouj (Marokko) 3:26,00 Minuten (1998)

ER: Fermin Cacho (Spanien) 3:28,95 Minuten (1997)

DR: Thomas Wessinghage (Mainz) 3:31:58 Minuten (1982)

Finale am 8. August 2002

Gold:	Mehdi Baala (Frankreich) 3:45,25
Silber:	Reyes Estevez (Spanien) 3:45,25
Bronze:	Rui Silva (Portugal) 3:45,43

Fotofinish: Gold für Mehdi Baala (Mitte), nur Silber für den zwei Tausendstelsekunden »langsameren« Reyes Estevez (rechts).

Männer: 5000 Meter

Alberto Garcia: Spanisches Eldorado

Münchens Olympiastadion erwies sich für Spaniens Langstreckler als Eldorado. Sie sicherten sich Gold in allen drei Wettbewerben zwischen den 3000 Meter Hindernis und 10000 Meter. Den Schlusspunkt setzte Alberto Garcia am letzten Tag über die 5000 Meter. Fünf Läufer waren in die letzte Runde gegangen. 250 Meter vor dem Ziel folgte Garcias unwiderstehlicher Antritt, mit dem er den Rest zu Statisten degradierte und seiner Favoritenrolle als Jahresbester Europas eindrucksvoll gerecht wurde.

Aufgrund des langsamen Anfangstempos übernahm der Leverkusener Michael May vorübergehend »fernsehwirksam« die Spitze. Am Ende landete der durch eine Erkältung geschwächte Läufer mit der Nummer 630 (Foto) zwar nur auf Platz 19, dennoch gilt der 22-Jährige in Deutschland als Mann der Zukunft für die Ära nach Dieter Baumann.

Männer – 5000 Meter

WR: Haile Gebrselassie (Äthiopien)
12:39,36 Minuten (1998)

ER: Mohammed Mourhit (Belgien)
12:49,71 Minuten (2000)

DR: Dieter Baumann (Leverkusen)
12:54,70 Minuten (1997)

Finale am 11. August 2002

Gold:	Alberto Garcia (Spanien) 13:38,18 Minuten
Silber:	Ismail Sghyr (Frankreich) 13:39,81
Bronze:	Sergeij Lebid (Russland) 13:40,00

Alberto Garcia (Spanien)

Geboren am 22. Februar 1971 in Madrid
Maße: 1,63 m, 45 kg
Größte Erfolge: Gold bei den Hallen-Europameisterschaften 2002 und Bronze 1998 über 3000 m, Bronze bei den Hallen-Weltmeisterschaften 2001 über 3000 m, Fünfter bei den Weltmeisterschaften 2001 über 5000 m.

Wieder bessere Tage: Dieter Baumann präsentiert mit Stolz seine Silbermedaille.

Führungsqualitäten: Noch liegt Baumann an der Spitze vor dem Franzosen Ei Hassan Lahssini sowie den beiden Spaniern Jose Rios und dem siegreichen Jose Manuel Martinez (rechte Seite).

Männer: 10 000 Meter

Dieter Baumann: Wunschlos glücklich

Die 40 000 auf den Rängen begleiteten seine Runden durch den strömenden Regen mit Ovationen und Sprechchören. Jedesmal, wenn Dieter Baumann die Spitze des Feldes übernahm, ging ein Sturm der Begeisterung durch das Olympiastadion. In einem packenden Schlussspurt vereitelte der Spanier Jose Manuel Martinez um gerade einmal 22 Hundertstelsekunden ein goldenes Comeback über die 10 000 Meter, bei denen es seit 1982 nur noch EM-Sieger aus Südeuropa gab.

Für den 37-jährigen Schwaben blieb Silber als erste Medaille in seiner »zweiten Karriere«. Es war sein erster Auftritt auf großer Bühne nach Ablauf der Dopingsperre: Zehn Jahre nach dem Olympiasieg von Barcelona und acht Jahre nach dem EM-Sieg, jeweils über 5000 Meter. Wie vier Jahre zuvor in Budapest wurde er auf der Langstrecke Zweiter. Und fühlte sich anschließend »wunschlos glücklich«.

Dann blickte er zurück: »Man kann einem Menschen viel wegnehmen, zum Beispiel Stolz und Ehre. Bei mir war es auch das Laufen«, sagte der Tübinger. Nach den beiden positiven Dopingproben auf Abbauprodukte des Muskelaufbaupräparats Nandrolon im Herbst 1999 hatte er bis zum 22. Januar 2002 auf Wettkämpfe verzichten müssen. Trotz eines Freispruchs durch den Rechtsausschuss des Deutschen Leichtathletik-Verbandes (DLV) kannte der Weltverband IAAF keine Gnade und verhängte eine Zwei-Jahres-Sperre. Schon Anfang April hatte Baumann als Sieger der European Challenge über 10 000 Meter in 27:38,51 Minuten vor Jose Rios auf Anhieb die Rückkehr in die Weltklasse geschafft. Sein anschließendes Marathon-Debüt brachte jedoch einen Rückschlag. Er musste aufgeben und kam danach erst langsam wieder in Schwung: »Ich hatte die notwendige Regenerationszeit unterschätzt.« Anfang Juli erwischte ihn eine Grippe, als Folge musste er das geplante Höhentraining in St. Moritz nach hinten verschieben. Erst am Tag vor dem EM-Finale ließ er sich von seiner Frau Isabell nach München chauffieren.

Nun will der Olympiazweite von 1988 sogar bis zu den Spielen 2004 weiterlaufen: »Kommendes Jahr mache ich eine ganz normale Saison. Und dann ist Athen ja nicht mehr weit.« Nächstes großes Ziel ist die WM 2003 in Paris. »Um da gegen die Afrikaner eine Chance zu haben, muss ich noch etwas zulegen, um im Spurt bestehen zu können. Ich bin wieder da, aber noch nicht so weit, wie ich kommen will.«

Das Leichtathletik-Publikum hat den »weißen Kenianer« längst wieder ins Herz geschlossen. »600 Meter vor dem Ziel habe ich das Brodeln langsam wahrgenommen, 500 Meter vor dem Ziel ein Donnergrollen, dass ich dachte, kommt da jetzt ein Gewitter. Die Stimmung war irre«, beschrieb er die Ovationen der Fans.

Baumanns Leben als Sportler und Privatmann ist knapp drei Jahre nach der Zahnpasta-Affäre wieder im Lot. Eine schwere Zeit für ihn, seine Frau und Trainerin Isabell sowie die beiden Kinder Jackie (6) und Robert (3) ist überstanden. Er bleibt der Läufer aus Leidenschaft, aus Spaß an der Freude: »Ich muss niemandem mehr etwas beweisen, nur mir selbst und meinem Umfeld. Ich habe keinen Wunsch mehr, ich muss keine Medaille mehr machen.«

Männer – 10 000 Meter

WR: Haile Gebrselassie (Äthiopien) 26:22,75 Minuten (1998)

ER: Mohammed Mourhit (Belgien) 26:52,30 Minuten (1999)

DR: Dieter Baumann (Leverkusen) 27:21,53 Minuten (1997)

Finale am 7. August 2002

Gold:	Jose Manuel Martinez (Spanien) 27:47,65 Minuten
Silber:	Dieter Baumann (Tübingen) 27:47,87
Bronze:	Jose Rios (Spanien) 27:48,29

Jose Manuel Martinez (Spanien)

Geboren am 22.10.1971 in Madrid.
Maße: 1,76 m, 65 kg.
Größte Erfolge: Gold bei den Studenten-Weltmeisterschaften 1999 über 10 000 Meter.

adidas
FUJIFILM
SPAR
595
MUNICH 2002
SPAR
29
MUNICH

Männer: Marathon

Janne Holmen: Triumph des »Sisu«

Janne Holmen war mit 24 Jahren der Jüngste im Feld, als es auf die 42 195 Meter ging. Keiner hatte ihn auf der Rechnung. »Ich wollte von Beginn an an der Spitze laufen und mich dort halten, so lange es ging«, erzählte er hinterher. Am Ende wurde es ein Start-Ziel-Sieg, ein Triumph des »Sisu«, des oft beschriebenen finnischen Kampfgeistes.
Im strömenden Regen (»Der hat mich nicht gestört«) blieb nur der Norweger Karl Rasmussen lange an seiner Seite, ehe er doch noch auf Rang acht abfiel. Vorn aber hielt Janne Holmen, der durch seinen spärlichen Haarschopf gar nicht so jugendlich aussieht, die Folgenden klar auf Distanz. Erstmals seit 1954 wurde wieder ein Finne »Marathon-Mann«. Im Olympiastadion von München allerdings hatte ihr Landsmann Lasse Viren

Zweiter »Nobody«: Estlands Pawel Loskutow feiert Silber wie einen Sieg.

beim Doppel-Olympiasieg 1972 über 5000 und 10000 Meter schon Laufgeschichte geschrieben.
Gut eine Minute nach Holmen sicherte sich mit dem Esten Pawel Loskutow ein zweier »Nobody« Silber, der allerdings schon im reiferen Alter von 32 Jahren. Erst danach folgte Julio Rey als erster der spanischen Favoritengarde, der mit dem Gewinn des »Europacups« nur ein kleiner Trostpreis blieb.

Männer – Marathon

WR: Khalid Kannouchi (Marokko)
2:05:38 Stunden (2002)

ER: Antonio Pinto (Portugal)
2:06:36 Stunden (2000)

DR: Jörg Peter (Dresden)
2:08:47 Stunden (1988)

Finale am 11. August 2002

Gold:	Janne Holmen (Finnland) 2:12:14 Stunden
Silber:	Pawel Loskutow (Estland) 2:13:18
Bronze:	Julio Rey (Spanien 2:13:21

Endspurt nach 42,195 km: 30 Jahre nach Lasse Viren bei Olympia 1972 in München gewinnt an gleicher Stelle Janne Holmen wieder Marathon-Gold für Finnland.

Janne Holmen (Finnland)

Geboren am 26. September 1977 in Jomola.
Maße: 1,76 m, 59 kg.
Größte Erfolge: Bis München 2002 keine größeren Erfolge.

Francisco Javier Fernandez (Spanien)
Geboren am 5. März 1977 in Guadix/Granada. Maße: 1,72 m, 57 kg.
Größte Erfolge: Seit 2002 in Turku/Finnland Halter der Weltbestzeit über die 20 km. Bronze bei den Europameisterschaften 1998 über die 20 km. Junioren-Weltmeister 1996 über die 20 km. Olympia-Siebter 2000.

Männer: 20 Kilometer Gehen

Francisco Fernandez: Aquajogging

Er war der würdige Sieger eines fragwürdigen Wettbewerbs. Unter widrigsten Bedingungen holte sich der Spanier Francisco Fernandez bei strömendem Regen im Gehen über 20 Kilometer den ersten Titel von München. Kurz vor der Rückkehr ins Stadion brachte ihn noch ein in die Bahn laufender Helfer fast zu Fall – der 25-Jährige blieb nur mit Mühe auf »Goldkurs«.

In Bayerns Metropole herrschte zum EM-Auftakt »Land unter«. Auf dem rutschigen Untergrund des Zwei-Kilometer-Kurses im Olympiagelände war ein regelgerechtes Gehen kaum möglich, die Grenzen zum Laufen verschwammen noch extremer als sonst üblich. Disqualifikationen gab es bei dem buchstäblichen Aquajogging allerdings eher weniger als gewohnt.

In 1:18:37 Stunden war Fernandez gut eine Minute langsamer als bei seiner Weltbestzeit am 28. April im finnischen Turku, gewann aber deutlich: »Dass ich einen so großen Vorsprung hatte, macht mich sehr zufrieden.«

Die deutschen Teilnehmer spielten keine Rolle, auch wenn sie »im Rahmen ihrer Möglichkeiten das Beste gegeben haben«, wie Bundestrainer Hans-Joachim Pathus meinte: »Der Ausfall von Andreas Erm hat uns schwer getroffen, er ist nun mal unser Aushängeschild.«

Der Olympia-Fünfte hatte über 50 Kilometer während der Saison mit einer Weltklasseleistung aufgewartet, zählte aber auch über die 20 Kilometer zum engeren Kreis der Medaillenanwärter. Doch weil er gesundheitlich nicht voll auf der Höhe war, musste der Berliner die EM-Teilnahme frühzeitig absagen und konnte somit in München nicht an die Tradition der einst so erfolgreichen deutschen Geher um Bernd Kannenberg, Hartwig Gauder oder Ronald Weigel anknüpfen.

Männer – 20 Kilometer Gehen

WB: Julio Martinez (Guatemala) 1:17:46 Stunden (1999)*

EB: Pavol Blazek (Tschechien) 1:18:13 Stunden (1990)*

DB: Andreas Erm (Berlin) 1:18:42 Stunden (2000)*

Finale am 6. August 2002

Gold:	Francisco Fernandez (Spanien) 1:18:37 Stunden
Silber:	Wladimir Andrejew (Russland) 1:19:56
Bronze:	Juan Manuel Molina (Spanien) 1:20:36

Goldhamster: Bereits die siebte Goldmedaille seiner großen Karriere holte sich der über die 50 km der Pole Robert Korzeniowski (rechte Seite).

»Land unter«: Beim ersten von 46 Wettbewerben herrschten auf dem 2-km-Rundkurs auf dem Olympiagelände fast irreguläre Bedingungen. Wie bei den Frauen gab es durch den Spanier Francisco Fernandez einen Start-Ziel-Sieg.

Männer: 50 Kilometer Gehen

Robert Korzeniowski: Simply the best

Dort, wo 30 Jahre zuvor Bernd Kannenberg auf der gleichen Distanz so eindrucksvoll triumphiert hatte, bestätigte Robert Korzeniowski seinen Ruf als bester Geher aller Zeiten. Der Mann mit dem »goldenen Hüftschwung« holte sich hoch überlegen Gold über die 50-Kilometer-Strecke. Der 34-Jährige hatte sich die »Wasserschlacht« zum Auftakt erspart. Zwei Tage darauf brach die Sonne durch die Wolken, als der Pole seiner beachtlichen Medaillensammlung das siebte Gold hinzufügte. Alle anderen trafen mit erheblicher Verspätung ein. Ein deutscher Teilnehmer war nicht am Start.

»EM-Gold hatte ich ja schon, aber eine Weltbestzeit im Straßen-Wettbewerb ist etwas Neues«, sagte der Doppel-Olympiasieger von Sydney stolz. Ab Kilometer 15 legte der Sportlehrer aus Krakau ein Tempo vor, mit dem er die Konkurrenten förmlich stehen ließ. Im Ziel lag er um 47 Sekunden unter der alten Marke. »Jetzt will ich in Athen zum dritten Mal Olympiasieger über 50 Kilometer werden«, kündigte er an. Danach allerdings ist Schluss, dann will das Sportidol, das von einer Firma für Süßwaren unterstützt wird, nur noch spazieren gehen. Außerdem besitzt er in Krakau ein großes Sportgeschäft. Korzeniowski gilt als Stilist, der selten von den Kampfrichtern aus dem Verkehr gezogen wird. Wäre er allerdings Twist-Tänzer geworden, hätten seine eleganten Hüftbewegungen wohl noch mehr Beifall gefunden.

Männer – 50 Kilometer Gehen

WR: Andrej Perlow (Russland) 3:37:41 Stunden (1989)

ER: Andrej Perlow (Russland) 3:37:41 Stunden (1989)

DR: Ronald Weigel (Potsdam) 3:38:17 Stunden (1986)

Finale am 8. August 2002

Gold:	Robert Korzeniowski (Polen) 3:36:39 Stunden (Weltbestzeit)
Silber:	Aleksej Wojewodin (Ukraine) 3:40:16
Bronze:	Jesus Angel Garcia (Spanien) 3:44,33

Robert Korzeniowski (Polen)

Geboren am 30. Juli 1968 in Lubaczow.

Maße: 1,68 Meter, 60 kg.

Größte Erfolge: Gewann in Sydney 2000 als bisher einziger Geher Gold über beide Strecken, Olympiasieger über 50 km 1996 und 2000, Olympiasieger über 20 km 2000, Weltmeister über 50 km 1997, Europameister über 50 km 1998, Weltmeister über 50 km 2001.

Anfangsgeplänkel: Noch führt der Franzose Vincent Le Dauphin im 3000-Meter-Hindernisfinale, der unter 12 Startern später nur Neunter wurde. Sieger Antonio Jimenez (Mitte) und der Zweite Simon Vroemen (Zweiter von links) liegen allerdings schon in Lauerstellung.

Männer: Hürden-/ Hindernisläufe

Männer: 110 Meter Hürden

Der »Prince of Wales«

Nach seiner erneuten Krönung zum König von Europa wurde der »Prince of Wales« sentimental. »Es ist ein unglaubliches Gefühl. Ich habe München ja schon immer gemocht, aber dass ich hier meinen vierten Titel in Folge hole, macht diese Stadt einzigartig«, sagte Colin Jackson, der als fünfter Leichtathlet diese Rekordserie schaffte.
Jackson bezwang in der Weltjahresbestzeit von 13,11 Sekunden den bisherigen Saison-Primus Stanislavs Olijars aus Litauen. »In meinem Hinterkopf hatte ich immer den Gedanken, dass ich es schaffe«, sagte der 35-Jährige nach dem historischen Lauf.
Die deutschen Hürdensprinter verpassten Bronze nur um Wimpernschläge. Traurig waren die beiden deswegen allerdings nicht. »Keiner hat damit gerechnet dass ich hier Vierter werde«, sagte Florian Schwarthoff, der seine Medaillenchancen durch einen Fehlstart geschmälert hatte. »Ich wusste, ich muss ein perfektes Rennen laufen. Deswegen bin ich volles Risiko gegangen«, erklärte der 34 Jahre alte Olympia-Dritte von Atlanta 1996. Mike Fenner, vor der EM durch Achillessehnenprobleme gehandicapt, war »schon froh, das Finale erreicht zu haben.«
München war für Jackson die vorletzte wichtige Station seiner Karriere, die er 2003 bei der Hallen-WM in Birmingham beenden will. Das wäre dann zehn Jahre nach seiner

Colin Jackson (Großbritannien)
Geboren am 18. Februar 1967 in Cardiff.
Maße: 1,82 m, 73 kg
Größte Erfolge: Gold in München 2002 war die 25. Medaillen bei internationalen Titelkämpfen. Olympia-Silber 1988, Gold bei den Weltmeisterschaften 1993 und 1997, Silber 1997, Bronze 1987, Gold bei den Europameisterschaften 1990, 1994, 1998, Gold bei den Hallen-Weltmeisterschaften 1999, Silber 1989, 1993, 1997, Gold bei den Hallen-Europameisterschaften 1989, 1994, 2002.

Seriensieger: Das vierte EM-Gold in Serie seit 1990 und seine 25. Medaille bei internationalen Titelkämpfen nahm Colin Jackson aus München mit nach Hause.

Sternstunde von Stuttgart, wo er bei seinem WM-Sieg 1993 den bis heute gültigen Weltrekord von 12,91 aufstellte. Insgesamt 18 Medaillen gewann der scheinbar ewig junge und jugendlich wirkende Waliser bei einer WM oder EM.

Nur der Olympiasieg blieb Jackson versagt – und nachholen will ihn der Silbermedaillengewinner von Seoul 1988 (!) auf gar keinen Fall. Athen 2004? »Nein, keine Olympischen Spiele mehr. Es wird Zeit für die 20 Jahre Urlaub, die ich angespart habe.«

Männer – 110 m Hürden

WR: Colin Jackson (Großbritannien)
12,91 Sekunden (1993)

ER: Colin Jackson (Großbritannien)
12,91 Sekunden (1993)

DR: Florian Schwarthoff (Fürth)
13,05 Sekunden (1995)

Finale am 10. August 2002

Gold:	Colin Jackson (Großbritannien) 13,11 Sekunden
Silber:	Stanilavs Olijars (Lettland) 13,22
Bronze:	Artur Kohutek (Polen) 13,32

Stephane Diagana (Frankreich)
Geboren am 23. Juli 1969 in Saint-Affrique.
Maße: 1,86 m, 66 kg.
Größte Erfolge: Olympia-Vierter 1992, Gold bei den Weltmeisterschaften 1997, Silber bei den Weltmeisterschaften 1999, Bronze bei den Weltmeisterschaften 1995, Bronze bei den Europameisterschaften 1994, Europarekordler mit 47,37 Sekunden über die 400 Meter Hürden seit dem 5. Juli 1995 in Lausanne.

Männer: 400 Meter Hürden

Stephane Diagana: Stolzer Vater

Stephane Diagana war zwischen Stolz und Rührung ganz hin- und hergerissen: »Das ist ein ganz besonderer Augenblick für mich, voller Emotionen«, sagte der 33-jährige Franzose nach seinem klaren Erfolg über die lange Hürdenstrecke.
»Nach so langer Zeit bin ich endlich doch noch Europameister geworden. Dabei ist mir die Reise nach München so schwer gefallen. Ich habe die letzten drei Nächte nicht gut geschlafen, weil ich unseren Sohn viel zu früh wieder verlassen musste. Ihm widme ich dieses Gold.« Wenige Tage zuvor hatte seine Lebensgefährtin Odile Lesage, die frühere Siebenkämpferin, den kleinen Tidiane zur Welt gebracht.
1995 hatte Diagana den dreimaligen Europameister Harald Schmid als Europarekordler entthront, war 1997 Weltmeister geworden, aber danach immer wieder durch Verletzungen aus der Bahn geworfen worden. Im Finale von München distanzierte er in Weltjahresbestzeit von 47,58 die Konkurrenz. »Der Titel heute zählt für mich mehr als der von 1997, weil die letzten Jahre so schwierig waren«, sagte er. »Das Durchhalten hat sich ausgezahlt.«
Hinter ihm lieferten sich der Tscheche Jiri Muzik und Titelverteidiger Pawel Januszewski aus Polen ein Brust-an-Brust-Duell, das Muzik erst auf der Ziellinie für sich entschied.

Männer – 400 Meter Hürden
WR: Kevin Young (USA) 46,78 Sekunden (1992)
ER: Stephane Diagana (Frankreich) 47,37 Sekunden (1995)
DR: Harald Schmid (Gelnhausen) 47,48 Sekunden (1982)
Finale am 9. August 2002

Gold:	Stephane Diagana (Frankreich) 47,58 Sekunden
Silber:	Jiri Muzik (Tschechien) 48,43
Bronze:	Pawel Januszewski (Polen) 48,46

Favoritensieg: Europarekordler Stephane Diagana (oben) war schon weit enteilt, als der Brite Chris Rawlinson (großes Bild) das Rennen aufgeben musste.

Schatten seiner selbst: Titelverteidiger Damian Kallabis.

Männer: 3000 Meter Hindernis

Antonio Jimenez: Dumm gelaufen

Der Niederländer Simon Vroemen war als neuer Europarekordler nach München gekommen. Beim letzten Golden League Meeting vor der EM hatte er sich in Monaco auf 8:06,91 Minuten gesteigert. Doch im Finale wurde der Senkrechtstarter des Jahres ein Opfer seiner mangelnden Erfahrung.
Er schien nach dem letzten Hindernis dem Sieg entgegenzulaufen. Dann schaute er sich mehrmals um – und immer zur falschen Seite. Die Lücke innen schloss er nicht. Das nutzte der Spanier Antonio Jimenez. Der WM-Sechste von Edmonton 2001 schob sich auf den letzten Metern vorbei. Vroemen fiel aus allen Träumen und im Ziel flach wie eine Flunder auf den Rücken – er konnte es selbst nicht fassen.
Titelverteidiger Damian Kallabis (Stuttgart) war bereits im Vorlauf ausgeschieden.

Männer – 3000 Meter Hindernis

WR: Brahim Boulami (Marokko) 7:55,28 Minuten (2001)

ER: Simon Vroemen (Niederlande) 8:06,91 Minuten (2002)

DR: Damian Kallabis (Berlin) 8:09,48 Minuten (1999)

Finale am 10. August 2002

Gold:	Antonio Jimenez (Spanien) 8:24,34 Minuten
Silber:	Simon Vroemen (Niederlande) 8:24,45
Bronze:	Luis Martin (Spanien) 8:24,72

Antonio David Jimenez (Spanien)

Geboren am 18. Februar 1977 in Sevilla.
Maße: 1,78 m, 61 kg.
Größte Erfolge: Silber bei den Hallen-Europameisterschaften 2002 über 3000 Meter, Sechster bei den Weltmeisterschaften 2001 über 3000 m Hindernis.

Gut, aber nicht gut genug: Der Brite Chris Tomlinson log im Weitsprung gleich im ersten Versuch auf 7,78 Meter. Das reichte nur zu Platz 6.

Männer: Sprungdisziplinen

Christian Olsson (Schweden)
Geboren: 25. Januar 1980 in Göteborg.
Maße: 1,92 m, 73 kg.
Größte Erfolge: Silber bei den Weltmeisterschaften 2001, Gold bei den Hallen-Europameisterschaften 2002, Gold bei den Junioren-Europameisterschaften 1999 im Hochsprung und 2001 im Dreisprung.

Männer: Dreisprung

Charles Friedek: Zurück aus der Versenkung

Der Tag, an dem Charles Friedek zufrieden nach Hause geht, ist im Kalender scheinbar nicht vorgesehen. Nicht mal an diesem Abend in München, an dem er schlagartig und unerwartet aus der Versenkung geflogen kam wie ein Springteufelchen aus einer Schachtel, nicht einmal da konnte er über seinen Schatten springen.
Nach einem gelungenen Satz auf 17,33 Meter feuerte er zunächst wie üblich voller Wut eine Handvoll Sand auf den Boden. Und als dann feststand, dass dieser zweite Versuch, der noch dazu sein einzig gültiger sein sollte, ihn zu einer überraschenden Silbermedaille getragen hatte, war dem bald 31-Jährigen von Freude nichts anzumerken.
»Wenn ich nicht froh gewirkt habe, ist der Eindruck falsch«, beteuerte er zwar am Morgen danach, schränkte jedoch gleich wieder ein: »Was letztendlich zählt, ist der Sieg. Aber Silber ist auch okay. Für mich ist das eine persönliche Genugtuung nach einer schweren Zeit.« Immerhin hatte er die beiden vergangenen Jahre mehr in Arztpraxen als auf dem Platz zugebracht – Folgen eines Sehnenrisses im Knie vor Olympia 2000.
Damals riss die Sehne und eine Serie von vier Siegen bei Weltcup, Hallen-WM, WM, Hallen-EM. Was sich fortsetzte, war die Reihe der gesundheitlichen Probleme, weshalb er auch noch seine Technik umstellen musste, von der »Brecheisentechnik« hin zum Doppelarmschwung. »Ich musste den Dreisprung völlig neu erlernen, um gesünder zu springen«, erklärte der Sohn eines US-Soldaten. »Denn das Ziel ist Olympia.« 2004 in Athen will er nachholen, was er vor zwei Jahren verpasste. Vielleicht ist er dann mal zufrieden.
Der Sieg ging an Christian Olsson, der eine beeindruckende Serie hinlegte (17,16-17,44-17,42-17,43-17,53-verzichtet). Jonathan Edwards wurde einen Zentimeter hinter Friedek Dritter. Der Olympiasieger und Weltrekordler will trotz der misslungenen Titelverteidigung im kommenden Jahr die Jagd auf seine dritte WM-Krone (nach 1995 und 2001) machen. Der bereits 37 Jahre alte Brite hatte eine Woche zuvor in Manchester bei den Commonwealth Games den letzten Titel gewonnen, der ihm noch gefehlt hatte.

Männer – Dreisprung

WR: Jonathan Edwards (Großbritannien) 18,29 m (1995)

ER: Jonathan Edwards (Großbritannien) 18,29 m (1995)

DR: Ralf Jaros (Wattenscheid) 17,66 m (1991)

Finale am 8. August 2002

Gold:	Christian Olsson (Schweden) 17,53 m
Silber:	Charles Friedek (Leverkusen) 17,33
Bronze:	Jonathan Edwards (Großbritannien) 17,32

Dank an das Publikum: Mit sich selbst war Charles Friedek weniger zufrieden – trotz Silber.

SPAR
611
MUNICH

Kein neuer Höhenflug

Jaroslaw Rybakow (Russland)

Geboren am 22. November 1980 in Mogiljew/Weißrussland.
Maße: 1,96 m, 84 kg.
Größte Erfolge: Silber bei den Weltmeisterschaften 2001, Europacup-Gewinner 2001, Bronze bei den Junioren-Weltmeisterschaften 1999.

Tapfer hatte er noch vor dem Wettkampf beteuert: »Ich bin hierher gekommen, um wieder eine Medaille zu gewinnen.« Selbst Gold hielt er nicht für ausgeschlossen: »Alles ist möglich. In Edmonton hat es auch geklappt.«

Doch dann konnte Martin Buß seinen Höhenflug aus dem Vorjahr nicht wiederholen. Der Überraschungs-Weltmeister von 2001 landete nur auf Rang sieben. Das ganze Jahr über war er wegen Knieproblemen schon nicht in Schwung gekommen. In München übersprang er seine Saisonbestmarke von 2,25 Meter auch erst im dritten Versuch und scheiterte anschließend dreimal knapp an 2,27 Meter.

Der 26-Jährige war zerknirscht: »Ich habe es einfach nicht geschafft, die Energie in den Sprung zu kanalisieren«, gestand der sensible Familienvater. Im Gegensatz zur WM fehlten ihm Selbstsicherheit und Konstanz: »Im Gegensatz zu Edmonton hatte ich die ersten Fehlversuche diesmal einfach schon zu früh.« Damals hatte er sich auf die Sieghöhe von 2,36 Meter gepokert. »Wenn Leute erwarten, dass ein Weltmeister automatisch auch Europameister wird, dann haben sie keine Ahnung vom Sport. Wir sind alle nur Menschen.«Der Sieg ging an den Russen Jaroslaw Rybakow, der bei vier Sprüngen nicht einmal die Latte riss und danach glaubhaft versicherte: »Ich hätte heute auch noch höher springen können, aber mit 15 Teilnehmern war es schon ein sehr langer Wettkampf.« Indem er zuletzt auch von den beiden Schweden Stefan Holm und Staffan Strand nicht mehr gefordert wurde, die sich ihre ersten Freiluft-Medaillen holten.

Zwei Welten: Für Weltmeister Martin Buß lag die Latte diesmal zu hoch. Für Sieger Jaroslaw Rybakow (oben) hätte sie wohl noch höher gelegt werden können.

Männer – Hochsprung

WR: Javier Satomayor (Kuba) 2,45 m (1997)
ER: Patrik Sjoeberg (Schweden) 2,42 m (1987)
DR: Carlo Thränhardt (Köln) 2,37 m (1984)

Finale am 8. August 2002

Gold:	Jaroslaw Rybakow (Russland) 2,31 m
Silber:	Stefan Holm (Schweden) 2,29
Bronze:	Staffan Strand (Schweden) 2,27

Männer: Stabhochsprung

Alex Awerbuch: Der Mann aus dem Nichts

Alexandr Awerbuch (Israel)
Geboren am 1. Oktober 1974 in Irkutsk/Russland.
Maße: 1,78 m, 76 kg.
Größte Erfolge: Silber bei den Weltmeisterschaften 2001, Bronze bei den Weltmeisterschaften 1999, Vierter bei den Hallen-Weltmeisterschaften 2001, Gold bei den Hallen-Europameisterschaften 2000.

Den bisherigen Saisonverlauf hatten sie dominiert, doch im entscheidenden Moment verloren Lars Börgeling und Tim Lobinger beim Griff nach Gold die Nerven. Mit jeweils 5,80 Meter mussten sich die beiden »Überflieger« dem Israeli Alex Awerbuch (5,85 Meter) beugen, der zum Saisonhöhepunkt wie aus dem Nichts nach oben schoss – wie schon im Jahr zuvor als WM-Zweiter in Edmonton.
Mit reichlich Selbstvertrauen waren die »coolen Jungs« in die Entscheidung gegangen. Das Finale entwickelte sich bei schwierigen Windbedingungen jedoch schnell zu einem Pokerspiel. Börgeling hatte wie Awerbuch bereits bei seiner Einstiegshöhe von 5,60 Meter einen Fehlversuch. Lobinger stand nach zwei gerissenen Versuchen bei 5,70 Meter am Abgrund, verzichtete auf den dritten und meisterte 5,75 Meter.
Nachdem Awerbuch die 5,85 Meter gleich im ersten Versuch genommen hatte, signalisierte Bundestrainer Leszek Klima Börgeling, im dritten Versuch über 5,85 Meter einen härteren Stab zu wählen. Mit dem stand der 24-Jährige auch schon zum Anlauf bereit, bevor er knapp 30 Sekunden vor Ablauf der Zeit doch wieder auf das weichere Gerät zurückgriff. »Ich war einfach nicht mehr so recht bei der Sache«, erklärte der Leverkusener, der klar scheiterte: »So ist das, wenn man nicht auf seinen Trainer hört.«
Doch zurecht sah »Happy Börgeling« keinen Grund zur Traurigkeit und zeigte sich als fairer zweiter Sieger: »Selbst wenn ich die Höhe übersprungen hätte, hätte Awerbuch dann auch noch die 5,90 Meter geschafft. Er war heute eine Klasse für sich.«
Nicht ganz so leicht verschmerzte der Jahresweltbeste Lobinger die Niederlage: »Wir hätten dem tollen Publikum in München gerne Gold geschenkt. Mir tut Bronze ein bisschen mehr weh, weil ich nach all den Jahren doch mit noch höheren Erwartungen als Lars in den Wettkampf gegangen bin.«
Der 27-Jährige Awerbuch, der lediglich mit einer Saisonbestleistung von 5,72 Meter zu Buche gestanden hatte, präsentierte sich wieder einmal auf den Punkt genau topfit und nervenstark. Im August 1999 hatte der gebürtige Russe die israelische Staatsbürgerschaft erhalten, wenige Tage danach bei der WM in Sevilla schon Bronze und damit die erste Medaille für seine neue Heimat geholt.

Männer – Stabhochsprung
WR: Sergej Bubka (Ukraine) 6,14 m (1994)
ER: Sergej Bubka (Ukraine) 6,14 m (1994)
DR: Tim Lobinger (Leverkusen) 6,00 m (1997)
Finale am 10. August 2002

Gold:	Alex Awerbuch (Israel) 5,85 m
Silber:	Lars Börgeling (Leverkusen) 5,80
Bronze:	Tim Lobinger (Frankfurt/Main) 5,80

Deutscher Flankenschutz: Lars Börgeling (rechts) und Tim Lobinger rahmen Sieger Alex Awerbuch ein.

Fremdarbeiter: Der in Irkutsk geborene »sibirische Israeli« Awerbuch beim Überqueren der Siegerhöhe von 5,85 Meter (rechte Seite).

BENZ
ISRAEL
ISR

Männer: Weitsprung

Olekseij Lukaschewitsch: Borsows Tipp

Männer – Weitsprung

WR: Mike Powell (USA) 8,95 m (1991)

ER: Robert Emmijan (Armenien) 8,86 m (1987)

DR: Lutz Dombrowski (Chemnitz) 8,54 m (1980)

Finale am 11. August 2002

Gold:	Olekseij Lukaschewitsch (Ukraine) 8,08 m
Silber:	Sinisa Ergotic (Kroatien) 8,00
Bronze:	Yago Lamela (Spanien) 7,99

Waleri Borsow, der 1972 im gleichen Stadion Doppel-Olympiasieger über 100 und 200 Meter geworden war, hatte den richtigen Tipp abgegeben. Der Ukrainer, heute Präsident seines nationalen Leichtathletik-Verbandes, setzte im Regen von München auf den Kleinsten im Felde, natürlich einen Landsmann.
Der nur 1,75 Meter große Olekseij Lukaschewitsch holte sich mit 8,08 Meter seinen dritten Titel. Er war schon Weltmeister bei den Junioren 1996 und Gewinner der Hallen-EM 1998. Bei Olympia in Sydney hatte er Bronze um einen Rang verfehlt

Hinter ihm gab es eine Zentimeter-Entscheidung. Der Kroate Sinisa Ergotic traf im dritten Versuch genau die Acht-Meter-Marke. Knapp dahinter ging Bronze mit 7,99 Meter im letzten Sprung an den Spanier Yago Lamela, der vor drei Jahren bei der WM von Sevilla mit 8,40 Meter und Silber aufgetrumpft hatte.
Der große Verlierer war der Brite Chris Tomlinson als Sechster mit 7,78 Meter. Am 13. April hatte er mit 8,27 Meter den Landesrekord von Lynn Davies gelöscht, dem Olympiasieger von Tokio 1964. Andreas Pohle (Erfurt) scheiterte mit schwachen 7,65 Meter als Elfter im Finalvorkampf, nachdem er in der Qualifikation mit 7,73 Meter einen Zentimeter weiter gesprungen war als der gescheiterte deutsche Meister Schahriar Bigdeli. Der Leverkusener meinte: »Wenn man sieht, wie die Medaillen weggingen, tut das Ausscheiden doppelt weh.«

Olekseij Lukaschewitsch (Ukraine)

Geboren am 11. Januar 1977 in Dnepropetrowsk.
Maße: 1,75 m, 70 kg.
Größte Erfolge: Olympia-Vierter 2000, Gold bei den Hallen-Europameisterschaften 1998, Gold bei den Junioren-Weltmeisterschaften 1996.

Sandfloh: Mit nur 1,75 Meter Körpergröße war Sieger Olekseij Lukaschewitsch (oben links) der Kleinste im Feld. Der Spanier Raul Fernandez (großes Bild) wurde nach guter Qualifikationsweite im Finale nur Neunter.

Der Mann mit dem Gold-Speer: Steve Backley sichert sich zum vierten Mal den Titel (großes Bild). Raymond Hecht (kleines Bild links) wird Fünfter und gratuliert Teamkollegen Boris Henry zu Bronze.

Männer: Wurfdisziplinen

Junger Wilder: Völlig überraschend gewann der Neubrandenburger Ralf Bartels, Junioren-Weltmeister von 1996, in München 2002 Bronze.

Männer: Kugelstoß

Ralf Bartels: Der Kugel-Blitz

Er sieht aus wie sein Sportgerät. Ralf Bartels ist nicht dick, aber kugelrund. Ein volles, offenes Gesicht, ein gedrungener Oberkörper, darunter zwei stämmige Beine – dynamische 125 Kilogramm verteilt auf nur 1,86 Meter Körperlänge. Am ersten Tag der Titelkämpfe explodierte der 24 Jahre alte Sportsoldat förmlich und bescherte dem deutschen Verband die erste Medaille.

Unbeeindruckt vom strömenden Regen und einem rutschigen Ring wuchtete er die 7,25 Kilogramm schwere Eisenkugel im fünften Versuch auf 20,58 Meter und gewann damit sensationell Bronze. Nur Juri Belonog aus der Ukraine, der sein drittes EM-Gold in Folge holte, und der Däne Joachim Olsen lagen vor ihm. Nicht nur die Fachwelt, auch Ralf Bartels selbst war völlig perplex. »Dass es so gut läuft, hätte ich mir nicht erträumen lassen«, sagte er immer wieder: »Wenn mir vorher einer erklärt hätte, dass ich hier eine Medaille hole, hätte ich ihn für verrückt erklärt.« Ganz so verrückt allerdings war es auch wieder nicht. Immerhin hatte der deutsche Meister zwei Monate zuvor in Gotha seine persönliche Bestleistung auf 20,85 Meter geschraubt.

Dennoch machte er in der Nacht nach dem ersten internationalen Coup kein Auge zu. »Ich war zu kaputt, um noch groß zu feiern«, berichtete er am Morgen danach. »Ich bin um halb zwei Uhr morgens ins Bett und noch eine ganze Weile wach gelegen. Ich war zu aufgeregt, um richtig zu schlafen. Ich habe es noch gar nicht richtig realisiert.«

Die Aufregung wird sich bald legen. Vermutlich war es nämlich nicht die letzte Medaille für den dynamischen Kugel-Koloss, der beim SC Neubrandenburg oft zusammen mit Olympiasiegerin Astrid Kumbernuss trainiert. »Ich habe sehr viel von ihr gelernt«, schilderte Bartels die fruchtbare Zusammenarbeit: »Sie hat mir wertvolle Tipps gegeben, für den Wettkampf, für die Technik, aber auch für das sportgerechte Verhalten außerhalb des Rings: Ernährung, Freizeitgestaltung und so weiter.«

Bisher führte sein Weg konsequent nach oben: Junioren-Weltmeister 1996, Junioren-Europameister 1997, deutscher Meister 2002, nur einen Monat später schon EM-Dritter. »Vor einem Jahr bei der WM in Edmonton haben sie mich noch als jungen Wilden vorgestellt, jetzt habe ich dem Namen schon alle Ehre gemacht«, sagte der Senkrechtstarter.

Bartels ist kein Typ, der deshalb abheben wird. Schritt für Schritt verfolgt er das große Ziel: »Irgendwann will ich mal eine Olympiamedaille machen. So lange ich das nicht erreicht habe, werde ich darauf hinarbeiten.«

Sein Gehalt zahlt die Bundeswehr. Er gehört der Sportfördergruppe Rostock an, also der Marine. Auf einem Schiff war er allerdings noch nie. Der Grund liegt für ihn auf der Hand: »Wo soll ich da denn Kugelstoßen?«

Männer – Kugelstoß

WR: Randy Barnes (USA) 23,12 m (1990)

ER: Ulf Timmermann (Ostberlin) 23,06 m (1988)

DR: Ulf Timmermann (Ostberlin) 23,06 m (1988)

Finale am 6. August 2002

Gold:	Juri Belonog (Ukraine) 21,37 m
Silber:	Joachim Olsen (Dänemark) 21,16
Bronze:	Ralf Bartels (Neubrandenburg) 20,58

Juri Belonog (Ukraine)

Geboren am 9. März 1974 in Odessa. Maße: 2,01 m, 125 kg. Größte Erfolge: Gold bei den Hallen-Weltmeisterschaften 1997, Studenten-Weltmeister 1995 und 1997. Bronze bei den Europameisterschaften 1998, Olympia-Fünfter 2000.

Männer: Diskuswurf

Robert Fazekas: Auf Riedels Thron

Nach dem Verzicht des angeschlagenen fünfmaligen Weltmeisters Lars Riedel bestieg ein Mann den Diskusthron, der in der Vergangenheit immer daneben gegriffen hatte, wenn es um Medaillen ging. Robert Fazekas, der bei der WM im Vorjahr in Kanada ebenso in der Qualifikation gescheitert war wie bei Olympia 2000 in Sydney, hatte seine Nerven in München bestens im Griff.

Im zweiten Versuch setzte er sich mit 66,80 Meter an die Spitze und steigerte sich im fünften Durchgang auf die Siegweite von 68,83 Meter. Die Jahres-Weltbestleistung von 71,70 Meter, mit der der Ungar im Juli in seiner Geburtsstadt Szombathely aufgewartet hatte, wirkte nicht als psychologischer Ballast für den 27-Jährigen.

So schlug er Litauens Olympiasieger Virgilius Alekna (66,62), der nach seiner Ellbogen-Operation auch im Vorjahr bei der WM in Edmonton gegen Riedel den Kürzeren gezogen hatte, und Michael Möllenbeck (66,37), den Weseler im Trikot des TV Wattenscheid, der sich wie bei der WM 2001 in Edmonton Bronze sicherte. Beide hatten ihre Bestweiten gleich zu Beginn erreicht.

»Das war das Minimum, das ich erreichen wollte«, sagte »MM«, dem gerade ein Viertelmeter zu Silber fehlte, und der doch etwas wehmütig der deutschen 4x400-Meter-Staffel der Frauen hinterher geschaut hatte, als die sich nach ihrem Gold feiern ließ.

Dabei wusste der Diskus-Hüne, der vom Bürokaufmann zum Programmierer umgeschult hatte, im Dauerregen durchaus zu überzeugen. »Es lief alles bestens, nachdem vor Wochen das Warten auf die Geburt unseres Kindes doch ein wenig an den Nerven gezerrt hatte.«

Robert Fazekas (Ungarn)
Geboren am 18. August 1975 in Szombathely.
Maße: 1,93 m, 105 kg.
Größte Erfolge: Vierter bei den Europameisterschaften 1998.

Hypnose: Michael Möllenbeck zwingt seinen Diskus zu Bronze. Sieger Robert Fazekas (rechts) reichte der richtige Dreh.

Männer – Diskuswurf

WR: Jürgen Schult (Schwerin) 74,08 m (1986)
ER: Jürgen Schult (Schwerin) 74,08 m (1986)
DR: Jürgen Schult (Schwerin) 74,08 m (1986)

Finale am 11. August 2002

Gold: Robert Fazekas (Ungarn) 68,83 m
Silber: Virgilius Alekna (Litauen) 66,62
Bronze: Michael Möllenbeck (Wattenscheid) 66,37

Adrian Annus (Ungarn)
Geboren am 28. Juni 1973 in Szeged.
Maße: 1,94 m, 102 kg.
Größte Erfolge: Olympiateilnehmer 1996, Europameisterschafts-Achter 1998, Weltmeisterschafts-Neunter 2001, Bronze bei den Studenten-Weltspielen 2001.

Männer: Hammerwurf

Adrian Annus: Der dritte Mann

Es goss in Strömen, und die Favoriten gingen reihenweise baden. Schon in der Qualifikation war Olympiasieger und Weltmeister Szymon Ziolkowski (Polen) ebenso gescheitert wie Karsten Kobs (Leverkusen), der Weltmeister von 1999, an der Spitze des traurigen deutschen Trios.

Am Ende setzte sich der Ungar Adrian Annus durch, der als größte Empfehlung Universiade-Bronze von 2001 aufwies. Schon im dritten Versuch (80,62 Meter) hatte er die Führung übernommen, was bereits zu Gold gereicht hätte. Dann setzte er im vierten Durchgang noch einen drauf. Bei der WM 2001 hatte er noch das Finale verpasst.

Balazs Kiss, Ungarns Olympiasieger 1996, hatte sich zu Beginn an die Spitze gesetzt, fiel im fünften Durchgang aber vom Podest, als er vom Ukrainer Wladyslaw Piskunow (WM-Bronze 1999) und dem Griechen Alexandros Papadimitriou übertrumpft wurde, der nahe an seine persönliche Bestleistung (80,45 Meter) herankam.

Neben Kiss blieb als Sechster auch dessen Landsmann Tibor Gecsek, der Titelverteidiger, ohne Medaille. So setzte ausgerechnet »der dritte Mann« die große Tradition der Magyaren fort. Kein Wunder, war er doch offenbar am besten ausgerüstet: »Ich habe mir extra Regenschuhe mitgebracht«, strahlte der 29-Jährige.

Einiges hatte noch zu Beginn der Saison dafür gesprochen, dass Karsten Kobs wieder in die Erfolgsspur von 1999 zurückfinden würde. Den Fluch der beiden »Seuchenjahre« mit dem Aus in der Olympia-Qualifikation in Sydney 2000 und dem Totalausfall in der WM-Saison 2001 schien der Westfale spätestens nach seinen 81,49 Meter überwunden zu haben – allerdings auf seiner Heimatanlage am Dortmunder Höchsten. »Im Juni war ich überzeugt, dass ich endlich wieder auf dem richtigen Weg bin.« Doch er hatte sich geirrt.

Männer – Hammerwurf

WR: Juri Sedych (Russland) 86,74 m (1986)
ER: Juri Sedych (Russland) 86,74 m (1986)
DR: Ralf Haber (Chemnitz) 83,40 m (1988)

Finale am 7. August 2002

Gold:	Adrian Annus (Ungarn) 81,17 m
Silber:	Wladislaw Piskunow (Ukraine) 80,39
Bronze:	Alexandros Papadimitriou (Griechenland) 80,21

Der Schrei des Siegers: Robert Annus (oben).

Der Schmerz des Verlierers: Karsten Kobs (rechts).

Männer: Speerwurf

Steve Backley: Da blieb nur Staunen

Boris Henry kletterte über den Zaun des Olympiastadions, hob seine amerikanische Freundin Kellie White in die Luft und feierte mit einem Tänzchen die Bronzemedaille. Nach siebenjähriger Durststrecke hatte der 28-Jährige den großen Befreiungswurf gelandet. »Es gab viele, die gesagt haben: Den Boris kannst du vergessen, der hat seinen Zenit überschritten. Ich bin froh, dass ich es nun allen Kritikern gezeigt habe«, meinte der Saarländer, der den diesmal mit Rang fünf enttäuschenden Raymond Hecht (»Der Wettkampf tat weh«) auf dem dritten EM-Platz beerbt hatte.
Stets zählte Henry zur Weltklasse, wurde 1995 als Youngster WM-Dritter in Göteborg. Die Bronzemedaille ist für den Schützling von Trainer Helge Zöllkau, der Steffi Nerius zuvor schon zu Silber geführt hatte, fast Gold wert. »Ich ordne sie höher ein als die von Göteborg. Sie gibt mir den richtigen Kick auf dem Weg zu meinen nächsten großen Zielen«, sagte der Sportsoldat.
Für den Sieger hatte er »nur Staunen« übrig: »Unglaublich, was er geleistet hat«, meinte Henry zum Gold von Steve Backley. Der 33-Jährige zog durch seinen vierten Titel in Folge mit Rekordhalter Janis Lusis gleich, der mit dem Speer zwischen 1962 und 1971 die Szene beherrscht hatte. Aber Backleys Regentschaft ist durch den anderen EM-Rhythmus noch um drei Jahre länger.
Auch Klaus Wolfermann, der 1972 Lusis an gleicher Stelle in einem unvergleichlichen Duell um gerade zwei Zentimeter auf Rang zwei verwiesen hatte, zog den Hut: »Er ist ein großer Athlet.« Im fünften Versuch hatte der Brite den Russen Sergej Makarow doch noch übertrumpft: »Das hat mich mit Stolz erfüllt.«
Frustriert hatte sich bereits nach dem Vorkampf der je dreimalige Olympiasieger und Weltmeister Jan Zelezny seine Bandage vom Bein gewickelt. Den 36 Jahre alten Tschechen plagten seit Wochen Adduktorenprobleme, bereits die Qualifikation wurde zur Qual. »Europameister kann ich nun nicht mehr werden. Mal sehen wie es weiter geht«, meinte der Weltrekordler nach drei Fehlversuchen. Nur das EM-Gold fehlt dem »Größten« in seiner Titelsammlung.

Steve Backley (Großbritannien)
Geboren am 12. Februar 1969 in Sidcup.
Maße: 1,96 m, 100 kg.
Größte Erfolge: Olympia-Silber 1996 und 2000, Silber bei den Weltmeisterschaften 1995 und 1997, Gold bei den Europameisterschaften 1990, 1994, 1998, Gold bei den Commonwealth Games 1990, 1994, 2002.

Bronze-Bank: Boris Henry übertraf gleich dreimal die 85-Meter-Marke, die Platz drei bedeutete (unten).

Männer – Speerwurf

WR: Jan Zelezny (Tschechien) 98,48 m (1996)

ER: Jan Zelezny (Tschechien) 98,48 m (1996)

DR: Raymond Hecht (Wattenscheid) 92,60 m (1995)

Finale am 9. August 2002

Gold:	Steve Backley (Großbritannien) 88,54 m
Silber:	Sergej Makarow (Russland) 88,05
Bronze:	Boris Henry (Saarbrücken) 85,33

Machtwechsel: Der alte König Erki Nool hatte beim Olympiasieg in Sydney Roman Sebrle noch in die Schranken weisen können. In München musste auch der Este die einsame Klasse des Tschechen anerkennen.

Männer: Zehnkampf

Roman Sebrle (Tschechien)
Geboren am 26. November 1974 in Lanskroun.
Maße: 1,86 m, 87 kg.
Größte Erfolge: Seit dem 27. Mai 2001 in Götzis mit 9026 Punkten Weltrekordler, Olympia-Silber 2000, Gold bei den Hallen-Weltmeisterschaften 2001.

Männer: Zehnkampf

Roman Sebrle: Der Mann mit dem Goldenen Plan

Völlig erschöpft und mit zum Himmel gestreckten Armen lag Roman Sebrle nach dem 1500-Meter-Lauf hinter der Ziellinie, wenig später nahm Europas neuer Zehnkampf-König mit Tschechiens Nationalflagge um den Schultern die Huldigungen des Volkes entgegen.

Mit der Einstellung seiner eigenen Jahresweltbestleistung von 8800 Punkten verwirklichte der 27 Jahre alte Weltrekordler aus Prag seinen goldenen Plan und feierte nach zweitägiger »One-man-Show« im Olympiastadion den ersten großen Titel seiner Karriere.

»Ich habe alles richtig gemacht. Ich hatte mir in jeder Disziplin eine bestimmte Leistung vorgenommen und war fast bis auf jede Sekunde und jeden Zentimeter genau im Plan, im Stabhochsprung sogar darüber. Ein schöneres Geschenk konnte ich mir vor der Geburt unseres Kindes im September kaum machen«, meinte der erste 9000-Punkte-Mann in der Geschichte des Zehnkampfs.

Dass er am Ende seinen gut ein Jahr alten Weltrekord (9026) klar verpasste, war für den Schützling von Trainer Dalibor Kupka leicht zu verschmerzen: »Der Titel war mir wichtiger als die Punktzahl.« Die Konkurrenz folgte erst in gebührendem Abstand, angeführt von Titelverteidiger und Olympiasieger Erki Nool aus Estland.

Wie ein Häufchen Elend war am frühen Nachmittag der dreimalige Weltmeister Tomas Dvorak von der Stabhochsprung-Anlage geschlichen. Der langjährige Trainingspartner von Sebrle scheiterte an der Anfangshöhe von 4,30 Meter und beendete seine »Tour der Leiden« danach: »Wegen meiner Achillessehnenprobleme war der Trainingsrückstand zu groß«, sagte Dvorak.

Gipfelstürmer: Seine Höhenflüge führten Roman Sebrle erneut in Regionen, wo für die Konkurrenz die Luft zu dünn ist.

Vergangene Herrlichkeit: Mike Maczey (großes Bild) bemühte sich nach Kräften, konnte aber mit Platz sechs nicht an große deutsche Zehnkampf-Zeiten anknüpfen.

Der Olympia-Zweite Sebrle spulte im einsamen Kampf gegen sich selbst auf höchstem Niveau seinen Wettkampf ab. »Er hat keine Nerven gezeigt und war in den Sprüngen brutal gut. Es gibt momentan niemanden, der ihn nur ansatzweise gefährden kann«, meinte Deutschlands immer noch populärster Zehnkämpfer Frank Busemann, der nach einer bei der EM-Qualifikation in Ratingen erlittenen Fußverletzung wie schon 1998 bei der EM in Budapest den Weg seiner Branchenkollegen als Co-Kommentator der ARD verfolgte.

»Sebrle ist auf einem Super-Level und hat dann noch Ausreißer nach oben«, meinte der Olympia-Zweite von Atlanta. Im Weitsprung (7,92), Hochsprung (2,12) und mit einer persönlichen Bestleistung im Stabhochsprung (5,10) hatte der »Außerirdische« das Grundgerüst für den goldenen Coup gebastelt.

Von einstiger Zehnkampf-Herrlichkeit sind die deutschen Mehrkämpfer Lichtjahre entfernt. Ohne einen gesunden Busemann sind Zeiten Utopie, in denen Jürgen Hingsen bei Olympia 1984 Silber vor Siggi Wentz gewann, Torsten Voss 1987 Weltmeister wurde und Christian Schenk ein Jahr später Olympiasieger.

So blieb ein respektabler, aber kaum zur Euphorie veranlassender sechster Platz für Mike Maczey, den Europacupsieger, auch dank starker 5,10 Meter im Stabhochsprung und guter 63,75 Meter im Speerwerfen. Sebastian Knabe blieb wie Dvorak ohne gültigen Versuch im Stabhochsprung, kämpfte sich aber trotzdem tapfer durch.

Männer – Zehnkampf

WR: Roman Sebrle (Tschechien) 9026 Punkte (2001)

ER: Roman Sebrle (Tschechien) 9026 Punkte (2001)

DR: Jürgen Hingsen (Uerdingen) 8832 (1984)

Finale am 7./8. August 2002

Gold:	Roman Sebrle (Tschechien) 8880 Punkte (100 m: 10,83 Sekunden – Weitsprung: 7,92 m – Kugelstoßen: 15,41 m – Hochsprung: 2,12 m – 400 m: 48,48 Sekunden – 110 m Hürden: 14,04 Sekunden – Diskuswerfen: 46,88 m – Stabhochsprung: 5,10 m – Speerwerfen: 68,51 m – 1500 m: 4:42,94)
Silber:	Erki Nool (Estland) 8438 (10,75 – 7,49 – 14,76 – 2,00 – 47,26 – 14,63 – 45,05 – 5,30 – 59,52 – 4:41,95)
Bronze:	Lev Lobodin (Russland) 8390 (10,88 – 7,17 – 16,12 – 2,03 – 49,50 – 14,25 – 48,93 – 5,20 – 56,34 – 4:40,80)

Ein bisschen Sonne und viel Gänsehaut

Am Anfang goss es in Strömen, am Ende regnete es immer noch – und dennoch schien für die angeschlagene Sportart Leichtathletik im Olympiastadion nur die Sonne. Es war, als hätten die Rolling Stones sechs Tage lang durchgerockt.

Es fehlte nicht an großen Gestalten. Paula Radcliffe lief gleich zum Auftakt Europarekord. Polens lebende Geher-Legende Robert Korzeniowski verbesserte über 50 Kilometer die Weltbestzeit. Zehnkampf-König Roman Sebrle setzte seine Regentschaft souverän fort. Zwei Briten trugen sich mit dem vierten Titel in Serie in die Rekord-

bücher ein, Steve Backley mit dem Speer und Colin Jackson über die Hürden. Sabine Braun verabschiedete sich nach 20 Wettkampfjahren mit Silber, bewundert von allen. Dieter Baumann gelang ein mitreißendes Comeback.
Es war auch kein Mangel an Sensationen und Dramen, das Salz in der Suppe für jeden Sport. Eine krasse Außenseiterin aus der Türkei ließ die haushohe Favoritin über 1500 m hinter sich, ein nur Insidern bekannter Finne die Marathon-Elite. Die Träume der deutschen 400-m-Männer dagegen zerplatzten schon auf halber Distanz.
Nur Ingo Schultz und Grit Breuer – in einem grandiosen Staffelrennen – konnten die goldenen Erwartungen der Gastgeber erfüllen. Enttäuschungen blieben nicht aus, nimmt man zum Beispiel die vorangegangenen Höhenflüge der Stabhochspringer als Maßstab. Ein wenig Nostalgie begleitete Heike Drechsler oder Astrid Kumbernuss – beiden blieb in der Abenddämmerung ihrer Karriere ein weiterer großer Auftritt versagt.
Für die andere Seite der Medaille sorgten überraschende Plätze auf dem Podium, wie durch die »junge Kugel« Ralf Bartels oder Hürden-Altmeisterin Heike Meissner. Die Stärke des deutschen Teams war seine Breite. Die Aufsteiger des Kontinents sind Spanier und Griechen – zwei Jahre vor Olympia in Athen.
Am vorletzten Tag verwandelten die Marathon-Frauen halb München in eine La-Ola-Welle. Die Atmosphäre an der Strecke spiegelte genau das wider, was von dieser EM in Erinnerung bleiben wird: Ein bisschen Sonne und viel Gänsehaut.

Statistik

18. Leichtathletik-EM 2002 in München

(6. bis 11. August 2002)

FRAUEN

100 m

WR: Florence Griffith-Joyner (USA) 10,49 Sekunden (1988)
ER: Christine Arron (Frankreich) 10,73 Sekunden (1998)
DR: Marlies Göhr (Jena) 10,81 Sekunden (1983)

Finale am 7. August 2002

Gold: Ekaterini Thanou (Griechenland) 11,10 Sekunden
Silber: Kim Gevaert (Belgien) 11,22
Bronze: Manuela Levorato (Italien) 11,23

4. Glory Alozie (Spanien) 11,32
5. Melanie Paschke (Wattenscheid) 11,37
6. Abiodun Oyepitan (Großbritannien) 11,41
7. Odiah Sidibe (Frankreich) 11,57
8. Alenka Bikar (Slowenien) 11,63

Im Halbfinale ausgeschieden: Sina Schielke (Dortmund) 11,48
Im Vorlauf ausgeschieden: Marion Wagner (Mainz) 11,53

200 m

WR: Florence Griffith-Joyner (USA) 21,34 Sekunden (1988)
ER: Marita Koch (Rostock) 21,71 Sekunden (1979)
Heike Drechsler (Jena) 21,71 Sekunden (1986)
DR: Marita Koch (Rostock) 21,71 Sekunden (1979)
Heike Drechsler (Jena) 21,71 Sekunden (1986)

Finale am 9. August 2002

Gold: Muriel Hurtis (Frankreich) 22,43 Sekunden
Silber: Kim Gevaert (Belgien) 22,53
Bronze: Manuela Levorato (Italien) 22,75

4. Sylviane Felix (Frankreich) 22,89
5. Gabi Rockmeier (Dortmund) 23,00
6. Karin Mayr (Österreich) 23,06
7. Jacquline Poelman (Niederlande) 23,31
8. Alenka Bikar (Slowenien) 23,37

400 m

WR: Marita Koch (Rostock) 47,60 Sekunden (1985)
ER: Marita Koch (Rostock) 47,60 Sekunden (1985)
DR: Marita Koch (Rostock) 47,60 Sekunden (1985)

Finale am 8. August 2002

Gold: Olesja Sikina (Russland) 50,45 Sekunden
Silber: Grit Breuer (Magdeburg) 50,70
Bronze: Lee McConnell (Großbritannien) 51,02

4. Grazyna Prokopek (Polen) 51,53
5. Anastasija Kapatschinskaja (Russland) 51,69
6. Antonia Jefremowa (Ukraine) 52,02
7. Swetlana Usowitsch (Weißrussland) 52,10
8. Birgit Rockmeier (Dortmund) 52,91

Ausgeschieden im Vorlauf: Claudia Marx (Berlin) 52,42

4 x 100 m

WR: DDR (Gladisch, Rieger, Auerswald, Göhr) 41,37 Sekunden (1985)
ER: DDR (Gladisch, Rieger, Auerswald, Göhr) 41,37 Sekunden (1985)
DR: DVfL-Auswahl (Gladisch, Rieger, Auerswald, Göhr) 41,37 Sekunden (1985)

Finale am 11. August 2002

Gold: Frankreich (Combe, Hurtis, Felix, Sidibe) 42,46 Sekunden
Silber: Deutschland (Paschke/Wattenscheid, Gabi Rockmeier/Dortmund, Schielke/Dortmund, Wagner/Mainz) 42,54
Bronze: Russland (Ignatowa, Tabakowa, Chabarowa, Kruglowa) 43,11

4. Belgien 43,22
5. Ukraine 43,38
6. Italien 43,46
7. Polen 43,96
8. Weißrussland 44,34

4 x 400 m

WR: UdSSR (Ledowskaja, Nasarowa, Pinigina, Brysgina) 3:15,17 Minuten (1988)
ER: UdSSR (Ledowskaja, Nasarowa, Pinigina, Brysgina) 3:15,17 Minuten (1988)
DR: DVfL-Auswahl (Walther, Busch, Rübsam Koch) 3:15,92 Minuten (1984)

Finale am 11. August 2002

Gold: Deutschland (Ekpo-Umoh/Mainz, Birgit Rockmeier/Dortmund, Marx/Berlin, Breuer/Magdeburg) 3:25,10 Minuten
Silber: Russland (Antjuch, Nasarowa, Kapatschinskaja, Sikina) 3:25,59
Bronze: Polen (Radecka, Prokopek, Pskit, Olichwierczu) 3:26,15

4. Großbritannien 3:26,65
5. Frankreich 3:31,71
6. Weißrussland 3:32,46
7. Schweden 3:32,65
8. Griechenland 3:37,38

800 m

WR: Jarmila Kratochvilova (CSSR) 1:53:28 Minuten (1983)
ER: Jarmila Kratochvilova (CSSR) 1:53:28 Minuten (1983)
DR: Sigrun Wodars (Neubrandenburg) 1:55,26 Minuten (1987)

Finale am 8. August 2002

Gold: Jolanda Ceplak (Slowenien) 1:57,65 Minuten
Silber: Mayte Martinez (Spanien) 1:58,86
Bronze: Kelly Holmes (Großbritannien) 1:59,83

4. Ludmila Formanowa (Tschechien) 2:00,23
5. Claudia Gesell (Leverkusen) 2:00,51
6. Nedia Semedo (Portugal) 2:00,54
7. Ivonne Teichmann (Magdeburg) 2:00,87
8. Natalja Dedkowa (Weißrussland) 2:04,24

1500 m

WR: Yunxia Qu (China) 3:50,46 Minuten (1993)
ER: Tatjana Kasankina (UdSSR) 3:52,47 Minuten (1980)
DR: Christine Wartenberg (Halle) 3:57,71 Minuten (1980)

Finale am 11. August 2002

Gold: Sureyya Ayhan (Türkei) 3:58,79 Minuten
Silber: Gabriela Szabo (Rumänien) 3:58,81
Bronze: Tatjana Tomaschowa (Russland) 4:01,28

4. Judit Varga (Ungarn) 4:02,37
5. Daniela Yordanowa (Bulgarien) 4:03,03
6. Natalia Rodriguez (Spanien) 4:06,15
7. Alesja Turowa (Weißrussland) 4:06,64
8. Nuria Fernandez (Spanien) 4:07,11

Ausgeschieden im Vorlauf: Kathleen Friedrich (Chemnitz) 4:08,98

5000 m

WR: Jiang Bo (China) 14:28,09 Minuten (1997)
ER: Olga Jegorowa (Russland) 14:29,32 Minuten (2001)
DR: Irina Mikitenko (Frankfurt/M.) 14:42,03 Minuten (1999)

Finale am 10. August 2002

Gold: Marta Dominguez (Spanien) 15:14,76 Minuten
Silber: Sonia O'Sullivan (Irland) 15:14,85
Bronze: Jelena Sadoroschnaja (Russland) 15:15,22

4. Olga Jegorowa (Russland) 15:16,65
5. Joanne Pavey (Großbritannien) 15:18,70
6. Mihaela Botezan (Rumänien) 15:19,12
7. Elvan Abeylegesse (Türkei) 15:24,41
8. Gunhild Haugen (Norwegen) 15:30,19
10. Melanie Schulz (Großengottern) 15:46,64

10 000 m

WR: Junxia Wang (China) 29:31,78 Minuten (1993)
ER: Ingrid Kristiansen (Norwegen) 30:13,74 Minuten (1986)
DR: Kathrin Ullrich (Berlin) 31:03,62 Minuten (1991)

Finale am 6. August 2002

Gold: Paula Radcliffe (Großbritannien) 30:01,09 Minuten (Europarekord)
Silber: Sonia O'Sullivan (Irland) 30:47,59
Bronze: Ljudmila Biktaschewa (Russland) 31:04,00

4. Mihaela Botezan (Rumänien) 31:13,96
5. Jelena Prokopcuka (Lettland) 31:17,72
6. Olivera Jevtic (Jugoslawien) 31:47,82
7. Constantina Tomescu-Dita (Rumänien) 31:53,61
8. Gunhild Haugen (Norwegen) 31:57,02
10. Sabrina Mockenhaupt (Sieg) 32:08,52

Marathon

WB: Catherine Ndereba (Kenia) 2:18:47 Stunden (2001)
EB: Ingrid Kristiansen (Norwegen) 2:21:06 Stunden (1985)
DB: Uta Pippig (Berlin) 2:21:45 Stunden (1994)

Finale am 10. August 2002

Gold: Maria Guida (Italien) 2:26:05 Stunden
Silber: Luminita Zaituc (Braunschweig) 2:26:58
Bronze: Sonja Oberem (Leverkusen) 2:28:45

4. Jane Salumae (Estland) 2:33:46
5. Rosaria Console (Italien) 2:35:23
6. Nadeschda Wijenberg (Niederlande) 2:36:06
7. Soderström-Lindberg (Schweden) 2:36:13
8. Ulrike Maisch (Rostock) 2:36:41
18. Melanie Kraus (Leverkusen) 2:44:56

20 km Gehen

WB*: Olimpiada Iwanowa (Russland) 1:24:50 Stunden (2001)
EB*: Olimpiada Iwanowa (Russland) 1:24:50 Stunden (2001)
DB*: Melanie Seeger (Potsdam) 1:30:41 Stunden (2001)

Gold: Olimpiada Iwanowa (Russland) 1:26:42 Stunden
Silber: Jelena Nikolajewa (Russland) 1:28:20
Bronze: Erica Alfridi (Italien) 1:28:30

4. Gillian O'Sullivan (Irland) 1:28:46
5. Claudia Stev-Iovan (Rumänien) 1:29:57
6. Elisabetta Perrone (Italien) 1:30:25
7. Kristina Saltanovic (Litauen) 1:30:44
8. Annarita Sidoti (Italien) 1:31:19
14. Melanie Seeger (Potsdam) 1:33,40

* Rekorde gibt es nur auf offiziell vermessenen Strecken, der Rest sind Bestzeiten.

100 m Hürden

WR: Jordanka Donkowa (Bulgarien) 12,21 Sekunden (1988)
ER: Jordanka Donkowa (Bulgarien) 12,21 Sekunden (1988)
DR: Bettine Jahn (Chemnitz) 12,42 Sekunden (1983)

Finale am 9. August 2002

Gold: Glory Alozie (Spanien) 12,73 Sekunden
Silber: Olena Krasowska (Ukraine) 12,88
Bronze: Jana Kasowa (Bulgarien) 12,91

4. Patricia Girard (Frankreich) 13,03
5. Diane Allahgreen (Großbritannien) und Haydy Arron (Frankreich) beide 13,07
7. Susanna Kallur (Schweden) 13,09
8. Swetla Dimitrowa (Bulgarien) 13,75

Ausgeschieden im Vorlauf: Kirsten Bolm (Köln) 13,46

400 m Hürden

WR: Kim Batten (USA) 52,61 Sekunden (1995)
ER: Sally Gunnell (Großbritannien) 52,74 Sekunden (1993)
DR: Sabine Busch (Erfurt) 53,24 Sekunden (1987)

Finale am 8. August 2002

Gold: Ionela Tirlea (Rumänien) 54,95 Sekunden
Silber: Heike Meissner (Chemnitz) 55,89
Bronze: Anna Olichwerczuk (Polen) 56,18

4. Monika Niederstätter (Italien) 56,34
5. Jekaterina Bachwalowa (Russland) 56,39
6. Malgorzata Pskit (Polen) 56,78
7. Natasha Danvers (Großbritannien) 56,93
8. Sinead Dudgeon (Großbritannien) 59,39

Dreisprung

WR: Inessa Krawets (Ukraine) 15,50 m (1995)
ER: Inessa Krawets (Ukraine) 15,50 m (1995)
DR: Helga Radtke (Fürth/München) 14,46 m (1994)

Finale am 10. August 2002

Gold: Ashia Hansen (Großbritannien) 15,00 m
Silber: Heli Koivula (Finnland) 14,83
Bronze: Jelena Olejnikowa (Russland) 14,54

4. Mihaela Gindila (Rumänien) 14,43
5. Cristina Nicolau (Rumänien) 14,39
6. Magdelin Martinez (Italien) 14,27
7. Chrysopigi Devetzi (Griechenland) 14,15
8. Anna Pjatich (Russland) 14,08

Hochsprung

WR: Stefka Kostadinowa (Bulgarien) 2,09 m (1987)
ER: Stefka Kostadinowa (Bulgarien) 2,09 m (1987)
DR: Heike Henkel (Leverkusen) 2,05 m (1991)

Finale am 11. August 2002

Gold: Kajsa Bergqvist (Schweden) 1,98
Silber: Marina Kuptsowa (Russland) 1,92
Bronze: Olga Kaliturina (Russland) 1,89

4. Oana Pantelimon (Rumänien) 1,89
5. Anna Ksok (Polen) und Blanka Vlasic (Kroatien) 1,89
7. Kathryn Holinski (Dortmund) und Susan Jones (Großbritannien) 1,89

Ausgeschieden in der Qualifikation:
14. Eva Herzenberg (Ludwigshafen) 1,87

Stabhochsprung

WR: Stacy Dragila (USA) 4,81 m (2001)
ER: Swetlana Feofanowa (Russland) 4,78 m (2002)
DR: Annika Becker (Rotenburg/Bebra) 4,77 m (2002

Finale am 9. August 2002

Gold: Swetlana Feofanowa (Russland) 4,60 m
Silber: Jelana Isinbajewa (Russland) 4,55
Bronze: Yvonne Buschbaum (Stuttgart) 4,50

4. Jelena Beljakowa (Russland) 4,50
5. Annika Becker (Rotenburg/Bebra) 4,50
6. Monique de Wilt (Niederlande) 4,40
7. Anna Rogowska (Polen) und Krisztina Molnar (Ungarn) beide 4,30

Ausgeschieden in der Qualifikation:
Caroline Hingst (Mainz)

Weitsprung

WR: Galina Tschistjakowa (UdSSR) 7,52 m (1988)
ER: Galina Tschistjakowa (UdSSR) 7,52 m (1988)
DR: Heike Drechsler (Jena) 7,48 m (1988)

Finale am 7. August 2002

Gold: Tatjana Kotowa (Russland) 6,85 m
Silber: Jade Johnson (Großbritannien) 6,73 m
Bronze: Tünde Vaszi (Ungarn) 6,73 m

4. Concepcion Montaner (Spanien) 6,67
5. Heike Drechsler (Karlsruhe) 6,64
6. Styliani Pilatou (Griechenland) 6,58
7. Olga Rubljowa (Russland) 6,58
8. Sofia Schulte (Leverkusen) 6,43

Ausgeschieden in der Qualifikation:
Bianca Kappler (Halstenbek) 6,20

Kugelstoß

WR: Natalja Lissowskaja (UdSSR) 22,63 m (1987)
ER: Natalja Lissowskaja (UdSSR) 22,63 m (1987)
DR: Ilona Slupianek (Ostberlin) 22,45 m (1980)

Finale am 10. August 2002

Gold: Irina Korschanenko (Russland) 20,64 m
Silber: Wita Pawlitsch (Ukraine) 20,02
Bronze: Swetlana Kriweljowa (Russland) 19,56

4. Astrid Kumbernuss (Neubrandenburg) 19,22
5. Nadeschda Ostaptschuk (Weißrussland) 19,07
6. Nadine Kleinert (Magdeburg) 18,68
7. Krystyna Zabawska (Polen) 18,63
8. Assunta Legnante (Italien) 18,23
9. Nadine Beckel (Schwerin) 18,18

Diskuswurf

WR: Gabriele Reinsch (Cottbus) 76,80 m (1988)
ER: Gabriele Reinsch (Cottbus) 76,80 m (1988)
DR: Gabriele Reinsch (Cottbus) 76,80 m (1988)

Finale am 7. August 2002

Gold: Ekaterini Vogoli (Griechenland) 64,31 m
Silber: Natalja Sadowa (Russland) 64,12
Bronze: Anastasia Kelesidou (Griechenland) 63,92

4. Vera Pospisilova (Tschechien) 62,31
5. Marzena Wysocka (Polen) 62,20
6. Areti Abatzi (Griechenland) 61,49
7. Teresa Machado (Portugal) 60,41
8. Vladimira Rackova (Tschechien) 49,28
11. Jana Tucholke (Leipzig) 56,53

Hammerwurf

WR: Mihaela Melinte (Rumänien) 76,07 m (1999)
ER: Mihaela Melinte (Rumänien) 76,07 m (1999)
DR: Kirsten Münchow (Frankfurt/M.) 69,28 m (2000)

Finale am 9. August 2002

Gold: Olga Kusenkowa (Russland) 72,94 m
Silber: Kamila Skolimowska (Polen) 72,46
Bronze: Manuela Montebrun (Frankreich) 72,04

4. Florenze Ezeh (Frankreich) 68,03
5. Sini Pory (Finnland) 67,47
6. Ester Balassini (Italien) 67,27
7. Alexandra Papageorgiu (Griechenland) 66,49
8. Clarissa Claretti (Italien) 66,25
10. Susanne Keil (Frankfurt) 65,20
11. Andrea Bunjes (Holtland) 64,92

Ausgeschieden in der Qualifikation:
31. Manuela Priemer (Regensburg) 59,30

Speerwurf

WR: Osleidys Menendez (Kuba) 71,54 m (2001)
ER: Trine Hattestad (Norwegen) 69,48 m (2000)
DR: Tanja Damaske (Berlin) 66,91 m (1999)

Finale am 8. August 2002

Gold: Mirela Manjani (Griechenland) 67,47 m
Silber: Steffi Nerius (Leverkusen) 64,09
Bronze: Mikaela Ingberg (Finnland) 63,50

4. Tatjana Schikolenko (Russland) 63,24
5. Angeliki Tsiolakoudi (Griechenland) 63,14
6. Elisabetta Marin (Italien) 60,12
7. Taina Kolkkala (Finnland) 59,81
8. Nikolett Szabo (Ungarn) 59,28

Ausgeschieden in der Qualifikation:
Dörthe Friedrich (Karlsruhe) 49,86

Siebenkampf

WR: Jackie Joyner-Kersee (USA) 7291 Punkte (1988)
ER: Larissa Nikitina (UdSSR) 7007 Punkte (1989)
DR: Sabine Braun (Wattenscheid) 6985 Punkte (1992)

Der Medaillenspiegel
(nach 46 Entscheidungen)

	Gold	Silber	Bronze
Russland	7	9	8
Großbritannien	7	1	6
Spanien	6	3	6
Frankreich	4	1	2
Griechenland	4	–	2
Schweden	3	1	1
Deutschland	2	9	7
Ukraine	2	4	1
Ungarn	2	–	1
Polen	1	1	5
Finnland	1	1	1
Tschechien	1	1	–
Dänemark	1	1	–
Rumänien	1	1	–
Italien	1	–	3
Israel	1	–	–
Slowenien	1	–	–
Türkei	1	–	–
Portugal	–	2	1
Belgien	–	2	–
Estland	–	2	–
Irland	–	2	–
Kroatien	–	1	–
Lettland	–	1	–
Littauen	–	1	–
Niederlande	–	1	–
Schweiz	–	1	–
Weißrussland	–	–	1
Bulgarien	–	–	1

Finale am 9./10. August 2002

(100 m Hürden – Hochsprung – Kugelstoß – 200 m – Weitsprung – Speerwurf – 800 m)

Gold: Carolina Klüft (Schweden) 6542 Punkte
(13,33 Sekunden – 1,89 m – 13,16 m – 23,71 Sekunden – 6,36 m – 47,61 m – 2:17,99 Minuten/Junioren-Weltrekord)

Silber: Sabine Braun (Wattenscheid) 6434
(13,58 – 1,80 – 14,56 – 24,69 – 6,50 – 51,23 – 2:23,24/deutsche Jahresbestleistung)

Bronze: Natalja Sasanowitsch (Weißrussland) 6341
(13,64 – 1,80 – 15,86 – 24,42 – 6,33 – 47,13 – 2:28,25)

4. Austra Skujyte (Litauen) 6275
5. Swetlana Sokolowa (Russland) 6150
6. Kathleen Gutjahr (Neubrandenburg) 6106 (13,52 – 1,77 – 12,93 – 24,78 – 6,13 – 44,41 – 2:18,35)
7. Michaela Hejnova (Tschechien) 6032
8. Liga Klavina (Lettland) 5996
9. Sonja Kesselschläger (Neubrandenburg) 5973 (13,48 – 1,83 – 13,63 – 24,72 – 5,91 – 40,32 – 2:27,34)

MÄNNER

100 m

WR: Maurice Greene (USA) 9,79 Sekunden (1999)
ER: Linford Christie (Großbritannien) 9,87 Sekunden (1093)
DR: Frank Emmelmann (Magdeburg) 10,06 Sekunden (1985)

Finale am 7. August 2002

Gold: Dwain Chambers (Großbritannien) 9,96 Sekunden
Silber: Francis Obikwelu (Portugal) 10,06
Bronze: Darren Campbell (Großbritannien) 10,15

4. Roland Nemeth (Ungarn) 10,27
5. Markus Poyhonen (Finnland) 10,31
6. Issa Nthepe (Frankreich) 10,32
7. Aristotelis Gavelas (Griechenland) 10,36

Disqualifiziert: Georgios Theodoridis (Griechenland)
Ausgeschieden im Halbfinale: Marc Blume (Wattenscheid) 10,38 (Zwischenlauf 10,29)
Ausgeschieden im Zwischenlauf: Alexander Kosenkow (Wattenscheid) 10,53 (Vorlauf 10,44), Mark Kochan (Kornwestheim) 10,62 (VL 10,50)

200 m

WR: Michael Johnson (USA) 19,32 Sekunden (1996)
ER: Pietro Mennea (Italien) 19,72 Sekunden (1979)
DR: Frank Emmelmann (Magdeburg) 20,23 Sekunden (1985)

Finale am 9. August 2002

Gold: Kostas Kenteris (Griechenland) 19,85 Sekunden
Silber: Francis Obikwelu (Nigeria) 20,21
Bronze: Marlon Devonish (Großbritannien) 20,24

4. Christian Malcolm (Großbritannien) 20,30
5. Marcin Jedrusinski (Polen) 20,31
6. Marco Torrieri (Italien) 20,68
7. Troy Douglas (Niederlande) 20,73

Ausgeschieden im Vorlauf:
Steffen Otto (Erfurt) 21,24

400 m

WR: Michael Johnson (USA) 43,18 Sekunden (1999)
ER: Thomas Schönlebe (Chemnitz) 44,33 Sekunden (1987)
DR: Thomas Schönlebe (Chemnitz) 44,33 Sekunden (1987)

Finale am 8. August 2002

Gold: Ingo Schultz (Hamburg) 45,14 Sekunden
Silber: David Canal (Spanien) 45,24
Bronze: Daniel Caines (Großbritannien) 45,28

4. Marek Plawgo (Polen) 45,40
5. Zsolt Szeglet (Ungarn) 45,74
6. Cedric van Branthegem (Niederlande) 45,95
7. Karel Blaha (Tschechien) 46,21

Ausgeschieden im Halbfinale:
Bastian Swillims (Wattenscheid) 46,19

4 x 100 m

WR: USA (Marsh, Burrell, Mitchell, Lewis) 37,40 Sekunden (1992)
USA (Marsh, Burrell, Mitchell, Lewis) 37,40 Sekunden (1993)
ER: Großbritannien (Gardener, Campbell, Devonish, Chambers) 37,73 Sekunden (1999)
DR: DDR (Schröder, Kübeck, Prenzler, Emmelmann) 38,29 Sekunden (1982)

Finale am 11. August 2002

Gold: Großbritannien (Malcolm, Campbell, Devonish, Chambers) 38,19 Sekunden
Silber: Ukraine (Wasjukow, Rurak, Dowgal, Kajdasch) 38,53
Bronze: Polen (Pilarczyk, Chyla, Nowak, Urbas) 38,71

4. Deutschland (Ostwald/Wattenscheid, Marc Blume/Wattenscheid, Kosenkow/Wattenscheid, Schacht/Kornwestheim) 38,88 (DJB)
5. Frankreich 38,97
6. Spanien 39,07
7. Russland 39,12
8. Italien disqualifiziert

4 x 400 m

WR: USA (Young, Pettigrew, Washington, Johnson) 2:54,20 Minuten (1998)
ER: Großbritannien (Thomas, Baulch, Richardson, Black) 2:56,60 Minuten (1996)
DR: DVfL-Auswahl (Möller, Schersing, Carlowitz, Schönlebe) 2:59,86 Minuten (1985)

Finale am 11. August 2002

Gold: Großbritannien (Deacon, Elias, Baulch, Caines) 3:01,25 Minuten
Silber: Russland (Mischukow, Semjonow, Maschtschenko, Borsakowski) 3:01,34
Bronze: Frankreich (Djohne, Douhou, Keita, Wade) 3:02,76

4. Tschechien 3:03,82
5. Irland 3:04,13
6. Griechenland 3:04,26
7. Deutschland (Schultz/Dortmund, Dautzenberg/Wolfsburg, Figura/Wolfsburg, Swillims/Wattenscheid) 3:08,56

Disqualifiziert: Polen 3:01,86

800 m

WR: Wilson Kipketer (Dänemark) 1:41,11 Minuten (1997)
WR: Wilson Kipketer (Dänemark) 1:41,11 Minuten (1997)
DR: Willi Wülbeck (Wattenscheid) 1:43,65 Minuten (1983)

Finale am 11. August 2002

Gold: Wilson Kipketer (Dänemark) 1:47,25 Minuten
Silber: Andre Bucher (Schweiz) 1:47,43
Bronze: Nils Schumann (Großengottern) 1:47,60

4. Pawel Czapiewski (Polen) 1:47,92
5. Arnoud Okken (Niederlande) 1:48,39
6. Bram Som (Niederlande) 1:48,56
7. Rene Herms (Pirna) 1:48,86
8. Nicolas Aissat (Frankreich) 1:49,16

1500 m

WR: Hicham El Guerrouj (Marokko) 3:26,00 Minuten (1998)
ER: Fermin Cacho (Spanien) 3:28,95 Minuten (1997)
DR: Thomas Wessinghage (Mainz) 3:31:58 Minuten (1982)

Finale am 8. August 2002

Gold: Mehdi Baala (Frankreich) 3:45,25
Silber: Reyes Estevez (Spanien) 3:45,25
Bronze: Rui Silva (Portugal) 3:45,43

4. Fouad Chouki (Frankreich) 3:45,46
5. Juan Carlos Higuero (Spanien) 3:45,81
6. Michael East (Großbritannien) 3:46,30
7. Christian Obrist (Italien) 3:46,57
8. Marko Koers (Niederlande) 3:46,68

5000 m

WR: Haile Gebrselassie (Äthiopien) 12:39,36 Minuten (1998)
ER: Mohammed Mourhit (Belgien) 12:49,71 Minuten (2000)
DR: Dieter Baumann (Leverkusen) 12:54,70 Minuten (1997)

Finale am 11. August 2002

Gold: Alberto Garcia (Spanien) 13:38,18 Minuten
Silber: Ismail Sghyr (Frankreich) 13:39,81
Bronze: Sergeij Lebid (Russland) 13:40,00

4. Roberto Garcia (Spanien) 13:40,85
5. Kamiel Maase (Niederlande) 13:41,42
6. Mark Carroll (Irland) 13:42,87
7. Balazs Csillag (Ungarn) 13:49,03
8. Salvatore Vincenti (Italien) 13:50,53
19. Michael May (Leverkusen) 14:12,01

Nicht angetreten: Jan Fitschen (Wattenscheid)

10000 m

WR: Haile Gebrselassie (Äthiopien) 26:22,75 Minuten (1998)
ER: Mohammed Mourhit (Belgien) 26:52,30 Minuten (1999)
DR: Dieter Baumann (Leverkusen) 27:21,53 Minuten (1997)

Finale am 7. August 2002

Gold: Jose Manuel Martinez (Spanien) 27:47,65 Minuten
Silber: Dieter Baumann (Tübingen) 27:47,87
Bronze: Jose Rios (Spanien) 27:48,29

4. Stefano Baldini (Italien) 27:50,98
5. Karl Keska (Großbritannien) 28:01,72
6. Hassan Lahssini (Frankreich) 28:05,13
7. Marco Mazza (Italien) 28:05,94
8. Dmitrij Maximow (Russland) 28:19,20
13. Alexander Lubina (Wattenscheid) 28:43,90
15. Mario Kröckert (Leverkusen) 29:08,86

Marathon

WR: Khalid Kannouchi (Marokko) 2:05:38 Stunden (2002)
ER: Antonio Pinto (Portugal) 2:06:36 Stunden (2000)
DR: Jörg Peter (Dresden) 2:08:47 Stunden (1988)

Finale am 11. August 2002

Gold: Janne Holmen (Finnland) 2:12:14 Stunden
Silber: Pawel Loskutow (Estland) 2:13:18
Bronze: Julio Rey (Spanien 2:13:21

4. Daniele Caimmi (Italien) 2:13:30
5. Alberto Juzdado (Spanien) 2:13:35
6. Alejandro Gomez (Spanien) 2:13:40
7. Kamal Ziani (Spanien) 2:13:51
8. Karl Rasmussen (Norwegen) 2:14:00

20 km Gehen

WB*: Julio Martinez (Guatemala) 1:17:46 Stunden (1999)
EB*: Pavol Blazek (Tschechien) 1:18:13 Stunden (1990)
DB*: Andreas Erm (Berlin) 1:18:42 Stunden (2000)

Finale am 7. August 2002

Gold: Francisco Fernandez (Spanien) 1:18:37 Stunden
Silber: Wladimir Andrejew (Russland) 1:19:56
Bronze: Juan Manuel Molina (Spanien) 1:20:36

4. Viktor Burajew (Russland) 1:20,36
5. Iwan Trotski (Weißrussland) 1:20,52
6. Jewgeni Misjulja (Weißrussland) 1:20,56
7. Alessandro Gandellini (Italien) 1:21,03
8. Robert Heffernan (Irland) 1:21,10
11. Andre Höhne (Berlin) 1:21,38
19. Jan Albrecht (Erfurt) 1:25,28

* Rekorde gibt es nur auf offiziell vermessenen Strecken, der Rest sind Bestzeiten.

50 km Gehen

WR: Andrej Perlow (Russland) 3:37:41 Stunden (1989)
ER: Andrej Perlow (Russland) 3:37:41 Stunden (1989)
DR: Ronald Weigel (Potsdam) 3:38:17 Stunden (1986)

Die Leichtathletik-Europameister 2002

Frauen

100 m	Ekaterini Thanou (Griechenland)	11,10 Sek.
200 m	Muriel Hurtis (Frankreich)	22,43 Sek.
400 m	Olesja Sikina (Russland)	50,45 Sek.
4 x 100 m	Frankreich 42,46 Sek.	
4 x 400 m	Deutschland 3:25,10 Min.	
800 m	Jolanda Ceplak (Slowenien)	1:57,65 Min.
1500 m	Sureyya Ayhan (Türkei)	3:58,79 Min.
5000 m	Marta Dominguez (Spanien)	15:14,76 Min.
10000 m	Paula Radcliffe (Großbritannien)	30:01,09 Min.
Marathon	Maria Guida (Italien)	2:26:05 Std.
20 km Gehen	Olimpiada Iwanowa (Russland)	1:26:42 Std.
100 m Hürden	Glory Alozie (Spanien)	12,87 Sek.
400 m Hürden	Ionela Tirlea (Rumänien)	54,95 Sek.
Dreisprung	Ashia Hansen (Großbritannien)	15,00 m
Hochsprung	Kajsa Bergqvist (Schweden)	1,98 m
Stabhochsprung	Swetlana Feofanowa (Russland)	4,60 m
Weitsprung	Tatjana Kotowa (Russland)	6,85 m
Kugelstoß	Irina Korschanenko (Russland)	20,64 m
Diskuswurf	Ekaterini Vogoli (Griechenland)	64,31 m
Hammerwurf	Olga Kusenkowa (Russland)	72,94 m
Speerwurf	Mirela Manjani (Griechenland)	67,47 m
Siebenkampf	Carolina Klüft (Schweden)	6542 Punkte

Männer

100 m	Dwain Chambers (Großbritannien)	10,82 Sek.
200 m	Kostas Kenteris (Griechenland)	19,85 Sek.
400 m	Ingo Schultz (Deutschland)	45,14 Sek.
4 x 100 m	Großbritannien 38,19 Sek.	
4 x 400 m	Großbritannien 3:01,25 Min.	
800 m	Wilson Kipketer (Dänemark)	1:47,25 Min.
1500 m	Mehdi Baala (Frankreich)	3:45,25 Min.
5000 m	Alberto Garcia (Spanien)	13:38,18 Min.
10000 m	Jose Manuel Martinez (Spanien)	27:47,65 Std.
Marathon	Janne Holmen (Finnland)	2:12:14 Std.
20 km Gehen	Francisco Fernandez (Spanien)	1:18:37 Std.
50 km Gehen	Robert Korzeniowski (Polen)	3:36:39 Std.
110 m Hürden	Colin Jackson (Großbritannien)	13,11 Sek.
400 m Hürden	Stephane Diagana (Frankreich)	47,58 Sek.
3000 m Hindernis	Antonio Jimenez (Spanien)	8:24,34 Min.
Dreisprung	Christian Olsson (Schweden)	17,53 m
Hochsprung	Jaroslaw Rybakow (Russland)	2,31 m
Stabhochsprung	Alexandr Awerbuch (Israel)	5,85 m
Weitsprung	Olekseij Lukaschewitsch (Ukraine)	8,08 m
Kugelstoß	Juri Belonog (Ukraine)	21,37 m
Diskuswurf	Robert Fazekas (Ungarn)	68,83 m
Hammerwurf	Adrian Annus (Ungarn)	81,17 m
Speerwurf	Steve Backley (Großbritannien)	88,54 m
Zehnkampf	Roman Sebrle (Tschechien)	8800 Punkte

Die Rekorde der Leichtathletik-EM 2002

Weltrekorde (–)
Weltbestzeiten* (1):
50 km Gehen, Männer: Robert Korzeniowski (Polen) 3:36:39 Std.
Europarekorde (1):
10 000 m, Frauen: Paula Radcliffe (Großbritannien) 30:01,09 Min.
Europäische Bestzeiten* (–)
Deutsche Rekorde (–
Deutsche Bestzeiten* (–)
Welt-Jahresbestzeiten bzw. -leistungen (8):
20 km Gehen, Frauen: Olimpiada Iwanowa (Russland) 1:26:42 Std.
Zehnkampf, Männer: Roman Sebrle (Tschechien) 8800 Punkte (eingestellt)
Speerwurf, Frauen: Mirela Manjani (Griechenland) 67.47 m
200 m, Männer: Kostas Kenteris (Griechenland) 19,85 Sek. (eingestellt)
400 m Hürden, Männer: Stephane Diagana (Frankreich) 47,58 Sek.
Kugelstoß, Frauen: Irina Korschanenko (Russland) 20,64 m
Siebenkampf, Frauen: Carolina Klüft (Schweden) 6542 Punkte (Junioren-Weltrekord)
Siebenkampf, Frauen: Carolina Klüft (Schweden) 6542 Punkte
Die Britin Ashia Hansen erzielte im Dreisprung der Frauen am 10. August 2002 mit 15,00 Meter ebenfalls eine Welt-Jahresbestleistung, allerdings mit unzulässig hoher Windunterstützung.
Europa-Jahresbestzeiten bzw. -leistungen (4)
100 m, Männer: Dwain Chambers (Großbritannien) 9,96 Sek.
400 m, Frauen: Olesja Sikina (Russland) 50,45 Sek.
200 m, Frauen: Muriel Hurtis (Frankreich) 22,43 Sek.
110 m Hürden, Männer: Colin Jackson (Großbritannien) 13,11 Sek.
Deutsche Jahresbestzeiten bzw. -leistungen (7)
20 km Gehen, Männer: Andre Höhne (LG Nike Berlin) 1:21:38 Std.
10 000 m, Frauen: Sabrina Mockenhaupt (LG Sieg) 32:08,52 Min.
Hochsprung, Männer: Martin Buß (Leverkusen) 2,25 m (eingestellt)
Dreisprung, Männer: Charles Friedek (Leverkusen) 17,33 m
Zehnkampf, Männer: Mike Maczey (Schleswig) 8158 Pkte.
400 m, Frauen: Grit Breuer (Magdeburg) 50,70 Sek.
Siebenkampf, Frauen: Sabine Braun (Wattenscheid) 6434 Punkte

* Rekorde werden lediglich auf offiziell vermessenen Strecken geführt, der Rest sind Bestzeiten.

Finale am 8. August 2002
Gold: Robert Korzeniowski (Polen) 3:36:39 Stunden (Weltbestzeit)
Silber: Aleksej Wojewodin (Ukraine) 3:40:16
Bronze: Jesus Angel Garcia (Spanien) 3:44,33
4. German Skurjgin (Russland) 3:48,58
5. Trond Nymark (Norwegen) 3:50:16
6. Denis Langlois (Frankreich) 3:50:47
7. Aleksandar Rakovic (Jugoslawien) 3:51:47
8. Francesco Galdenzi (Italien) 3:52,:17

110 m Hürden

WR: Colin Jackson (Großbritannien) 12,91 Sekunden (1993)
ER: Colin Jackson (Großbritannien) 12,91 Sekunden (1993)
DR: Florian Schwarthoff (Fürth) 13,05 Sekunden (1995)
Finale am 10. August 2002
Gold: Colin Jackson (Großbritannien) 13,11 Sekunden
Silber: Stanilavs Olijars (Lettland) 13,22
Bronze: Artur Kohutek (Polen) 13,32
4. Florian Schwarthoff (OSC Berlin) 13,37
5. Mike Fenner (Wattenscheid) 13,39
6. Devis Favaro (Italien) 13,59
7. Robert Kronberg (Schweden) 13,63
8. Schiwko Widenow (Bulgarien) 13,67
Im Vorlauf ausgeschieden:
Jan Schindzielorz (Fürth/München) 13,93

400 m Hürden

WR: Kevin Young (USA) 46,78 Sekunden (1992)
ER: Stephane Diagana (Frankreich) 47,37 Sekunden (1995)
DR: Harald Schmid (Gelnhausen) 47,48 Sekunden (1982)
Finale am 9. August 2002
Gold: Stephane Diagana (Frankreic) 47,58 Sekunden
Silber: Jiri Muzik (Tschechien) 48,43
Bronze: Pawel Januszewski (Polen) 48,46
4. Fabrizio Mori (Italien) 49,05
5. Periklis Iakovakis (Griechenland) 49,07
6. Stepan Tesarik (Tschechien) 49,51
7. Ruslan Maschtschenko (Russland) 50,02
Aufgabe: Chris Rawlinson (Großbritannien)
Ausgeschieden im Vorlauf: Christian Duma (Frankfurt) 50,50, Henning Hackelbusch (Wattenscheid) 50,37 (sid)

3000 m Hindernis

WR: Brahim Boulami (Marokko) 7:55,28 Minuten (2001)
ER: Simon Vroemen (Niederlande) 8:06,91 Minuten (2002)
DR: Damian Kallabis (Berlin) 8:09,48 Minuten (1999)
Finale am 10. August 2002
Gold: Antonio Jimenez (Spanien) 8:24,34 Minuten
Silber: Simon Vroemen (Niederlande) 8:24,45
Bronze: Luis Martin (Spanien) 8:24,72
4. Bob Tahri (Frankrich) 8:26,86
5. Eliseo Martin (Spanien) 8:28.63
6. Wadim Slobodenjuk (Ukrainie) 8:30,16
7. Martin Proll (Österreich) 8:33,24
8. Rafal Wojcik (Polen) 8:35,41
Ausgeschieden im Vorlauf:
Filmon Ghirmai (Pliezhausen) 8:44,55,
Damian Kallabis (Stuttgart) 8:51,39 (sid)

Dreisprung

WR: Jonathan Edwards (Großbritannien) 18,29 m (1995)
ER: Jonathan Edwards (Großbritannien) 18,29 m (1995)
DR: Ralf Jaros (Wattenscheid) 17,66 m (1991)
Finale am 8. August 2002
Gold: Christian Olsson (Schweden) 17,53 m
Silber: Charles Friedek (Leverkusen) 17,33
Bronze: Jonathan Edwards (Großbritannien) 17,32
4. Farizio Donato (Italien) 17,15
5. Phillips Idowu (Großbritannien) 16,92
6. Aleksandr Glawatskij (Russland) 16,86
7. Julien Kapek (Frankreich) 16,66
8. Konstantinos Zalagitis (Griechenland) 16,62

Hochsprung

WR: Javier Satomayor (Kuba) 2,45 m (1997)
ER: Patrik Sjoeberg (Schweden) 2,42 m (1987)
DR: Carlo Thränhardt (Köln) 2,37 m (1984)
Finale am 8. August 2002
Gold: Jaroslaw Rybakow (Russland) 2,31 m
Silber: Stefan Holm (Schweden) 2,29
Bronze: Staffan Strand (Schweden) 2,27
4. Alessandro Talotti (Italien) 2,27
5. Tomas Janku (Tschechien) 2,25
6. Svatoslav Ton (Tschechien) 2,25

Zweifache EM-Medaillen-Gewinner 2002

Zweimal Gold
Dwain Chambers (Großbritannien) 100 m, 4x100 m
Muriel Hurtis (Frankreich) 200 m, 4x100 m

Einmal Gold – einmal Silber
Grit Breuer (Magdeburg) 4x400 m, 400 m
Olesja Sikina (Russland) 400 m, 4x400 m

Einmal Gold – einmal Bronze
Daniel Caines (Großbritannien) 4x400 m, 400 m
Darren Campbell (Großbritannien) 4x100 m, 100 m
Marlon Devonish (Großbritannien) 4x100 m, 200 m

Zweimal Silber
Francis Obikwelu (Portugal) 100 m, 200 m
Sonia O'Sullivan (Irland) 5000 m, 10 000 m
Kim Gevaert (Belgien) 100 m, 200 m

Zweimal Bronze
Anna Olichwerczuk (Polen) 400 m Hürden, 4x400 m
Manuela Levorato (Italien) 100 m, 200 m

Erfolgreiche Titelverteidigungen (9)

50 km Gehen, Männer: Robert Korzeniowski (Polen)

400 m Hürden, Frauen: Ionela Tirlea (Rumänien)

400 m Hürden, Männer: Stephane Diagana (Frankreich)

Speerwurf, Männer: Steve Backley (Großbritannien)

110 m Hürden, Männer: Colin Jackson (Großbritannien)

4 x 100 m, Frauen: Frankreich

4 x 400 m, Frauen: Deutschland

4 x 100 m, Männer: Großbritannien

4 x 400 m, Männer: Großbritannien

7. Martin Buß (Leverkusen) 2,25
8. Jan Janku (Tschechien) 2,22

Stabhochsprung

WR: Sergej Bubka (Ukraine) 6,14 m (1994)
ER: Sergej Bubka (Ukraine) 6,14 m (1994)
DR: Tim Lobinger (Leverkusen) 6,00 m (1997)

Finale am 10. August 2002

Gold: Alex Awerbuch (Israel) 5,85 m
Silber: Lars Börgeling (Leverkusen) 5,80
Bronze: Tim Lobinger (Frankfurt/Main) 5,80

4. Patrik Kristiansson (Schweden) 5,80
5. Stepan Janacek (Tschechien) 5,75
6. Adam Ptacek (Polen) und Denius Jurtschenko (Ukraine) beide 5,70
8. Wassili Gorschkow (Russland) 5,70

Ausgeschieden in der Qualifikation: Richard Spiegelburg (Leverkusen) 5,45.

Weitsprung

WR: Mike Powell (USA) 8,95 m (1991)
ER: Robert Emmijan (Armenien) 8,86 m (1987)
DR: Lutz Dombrowski (Chemnitz) 8,54 m (1980)

Finale am 11. August 2002

Gold: Olekseij Lukaschewitsch (Ukraine) 8,08 m
Silber: Sinisa Ergotic (Kroatien) 8,00
Bronze: Yago Lamela (Spanien) 7,99

4. Roman Schtschurenko (Ukraine) 7,96
5. Danila Burkenya (Russland) 7,90
6. Chris Tomlinson (Großbritannien) 7,78
7. Salim Sdiri (Frankreich) 7,78
8. Wladimir Malajwin (Russland) 7,73
11. Andreas Pohle (Erfurt) 7,65

Ausgeschieden in der Qualifikation:
13. Schariar Bigdeli (Leverkusen) 7,72

Kugelstoß

WR: Randy Barnes (USA) 23,12 m (1990)
ER: Ulf Timmermann (Ostberlin) 23,06 m (1988)
DR: Ulf Timmermann (Ostberlin) 23,06 m (1988)

Finale am 6. August 2002

Gold: Juri Belonog (Ukraine) 21,37 m
Silber: Joachim Olsen (Dänemark) 21,16
Bronze: Ralf Bartels (Neubrandenburg) 20,58

4. Arsi Harju (Finnland) 20,47
5. Manuel Martinez (Spanien) 20,45
6. Ville Tiisanoja (Finnland) 20,17
7. Gheorghe Guset (Rumänien) 20,05
8. Rutger Smith (Niederlande) 19,73

Ausgeschieden in der Qualifikation:
18. Andy Dittmar (Ohra-Hörsel) 18,77
19. Detlef Bock (Berlin) 18,08

Diskuswurf

WR: Jürgen Schult (Schwerin) 74,08 m (1986)
ER: Jürgen Schult (Schwerin) 74,08 m (1986)
DR: Jürgen Schult (Schwerin) 74,08 m (1986)

Finale am 11. August 2002

Gold: Robert Fazekas (Ungarn) 68,83 m
Silber: Virgilius Alekna (Litauen) 66,62
Bronze: Michael Möllenbeck (Wattenscheid) 66,37

4. Mario Pestano (Spanien) 64,69
5. Aleksander Tammert (Estland) 64,55
6. Dmitri Schewtschenkow (Russland) 63,97
7. Zoltan Kovago (Ungarn) 63,63
8. Leonid Tscherewko (Weißrussland) 61,72

Ausgeschieden in der Qualifikation:
17. Torsten Schmidt (Rostock) 59,78

Hammerwurf

WR: Juri Sedych (Russland) 86,74 m (1986)
ER: Juri Sedych (Russland) 86,74 m (1986)
DR: Ralf Haber (Chemnitz) 83,40 m (1988)

Finale am 7. August 2002

Gold: Adrian Annus (Ungarn) 81,17 m
Silber: Wladislaw Piskunow (Ukraine) 80,39
Bronze: Alexandros Papadimitrou (Griechenland) 80,21

4. Balazs Kiss (Ungarn) 80,17
5. Andrej Skwaruk (Ukraine) 80,15
6. Tibor Gecsek (Ungarn) 79,25
7. Libor Charfreitag (Slowakei) 79,20
8. Olli-Pekka Karjaleinen (Finnland) 78,57

Ausgeschieden in der Qualifikation:
14. Karsten Kobs (Leverkusen) 77,44
17. Holger Klose (Frankfurt) 76,98
29. Markus Esser (Leverkusen) 70,15

Speerwurf

WR: Jan Zelezny (Tschechien) 98,48 m (1996
ER: Jan Zelezny (Tschechien) 98,48 m (1996
DR: Raymond Hecht (Wattenscheid) 92,60 m (1995)

Finale am 9. August 2002

Gold: Steve Backley (Großbritannien) 88,54 m
Silber: Sergej Makarow (Russland) 88,05
Bronze: Boris Henry (Saarbrücken) 85,33

4. Eriks Rags (Litauen) 84,07
5. Raymond Hecht (Magdeburg) 83,95
6. Aleksandr Iwanow (Russland) 82,66
7. Dariusz Trafas (Polen) 80,37
8. Aki Parviainen (Finnland) 78,92

Ausgeschieden in der Qualifikation:
13. Björn Lange (Magdeburg) 78,80

Zehnkampf

WR: Roman Sebrle (Tschechien) 9026 Punkte (2001)
ER: Roman Sebrle (Tschechien) 9026 Punkte (2001)
DR: Jürgen Hingsen (Uerdingen) 8832 (1984)

Finale am 7./8. August 2002

Gold: Roman Sebrle (Tschechien) 8880 Punkte
(100 m: 10,83 Sekunden – Weitsprung: 7,92 m – Kugelstoßen: 15,41 m – Hochsprung: 2,12 m – 400 m: 48,48 Sekunden – 110 m Hürden: 14,04 Sekunden – Diskuswerfen: 46,88 m – Stabhochsprung: 5,10 m – Speerwerfen: 68,51 m – 1500 m: 4:42,94)

Silber: Erki Nool (Estland) 8438
(10,75 – 7,49 – 14,76 – 2,00 – 47,26 – 14,63 – 45,05 – 5,30 – 59,52 – 4:41,95)

Bronze: Lev Lobodin (Russland) 8390
(10,88 – 7,17 – 16,12 – 2,03 – 49,50 – 14,25 – 48,93 – 5,20 – 56,34 – 4:40,80)

4. Jon Arnar Magnusson (Island) 8238 (10,96 – 7,48 – 16,14 – 2,00 – 48,80 – 14,61 – 45,12 – 4,90 – 63,96 – 4:59,95)
5. Jaako Ojaniemi (Finnland) 8192 (10,58 – 7,56 – 15,37 – 1,97 – 49,31 – 14,75 – 44,29 – 4,40 – 66,63 – 4:44,94)
6. Mike Maczey (Schleswig) 8158 (11,17 – 7,43 – 14,35 – 2,06 – 51,04 – 14,54 – 43,84 – 5,10 – 63,75 – 4:43,75)
7. Laurent Hernu (Frankeich) 8051
8. Aleksandr Pogorelow (Russland) 8016
16. Sebastian Knabe (Halle) 7036 (11,08 – 7,44 – 14,15 – 2,00 – 48,65 – 14,37 – 42,97 – ohne Höhe – 52,50 – 4:57,80)

Tomas Dvorak (Tschechien) 10,96 – 7,39 – 15,52 – 1,94 – 49,97 – 14,34 – 44,38 – ohne Höhe – aufgegeben)

Die Nationenwertung

Nation	Plätze 1.	2.	3.	4.	5.	6.	7.	8.	Punkte
1. Russland	7	9	8	5	4	2	3	5	225
2. Deutschland	2	9	7	3	7	3	5	3	186
3. Spanien	6	3	6	4	4	3	1	1	153
4. Großbritannien	7	1	6	2	4	3	2	1	138
5. Frankreich	4	1	2	5	3	3	4	1	106
6. Italien	1	–	3	6	1	7	3	5	92
7. Polen	1	1	5	3	3	1	4	1	83
8. Ukraine	2	4	1	1	2	3	–	-	72
9. Griechenland	4	–	2	–	2	3	3	2	69
10. Tschechien	1	1	–	3	2	3	3	2	53
11. Ungarn	2	–	1	3	1	1	3	1	51
12. Schweden	3	1	1	1	–	-	4	–	50

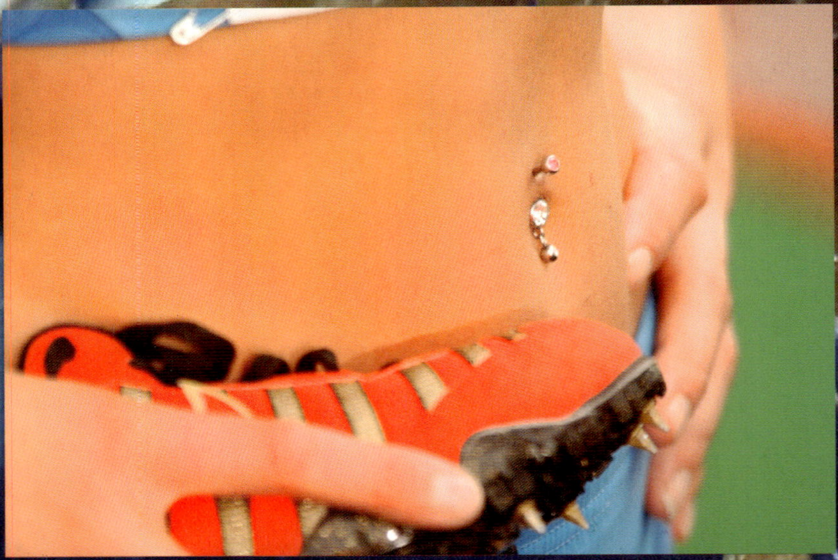

EINE PRODUKTION DES COPRESS-TEAMS, MÜNCHEN

Lektorat und Bildredaktion Pierre Sick
Produktion und Layout VerlagsService Dr. Helmut Neuberger & Karl Schaumann, Heimstetten
Verantwortlich für den Inhalt Sport-Informations-Dienst (sid)
sid-Reporter München Henning Eisfeld, Thomas Häberlein
Berthold Mertes, Markus Seyrer
sid-Ressortchef Gerd Holzbach
Schluss-Redaktion Dieter Hennig, Helmut Zimmermann
Dokumentation Cosmos-pps
sid new media
Technische Koordination Wolfgang Griese
Alle Fotos von SVEN SIMON, Essen

Printed in Germany, by Sellier Druck, Freising
Bindung Conzella, Pfarrkirchen
Reproduktion Kolb Digital, Oberschleißheim
Gesamtherstellung Stiebner, München
ISBN 3-7679-0661-9

Europe meets Munich
SEIKO
EPSON
INTERSPORT
SPAR
BONAQA